Abbé F. GEX
Professeur
à l'Externat Saint-François-de-Sales
Chambéry

ALBERTVILLE

ÉTUDE
de Géographie urbaine

CHAMBÉRY
LIBRAIRIE PERRIN
M. DARDEL, Successeur

1921

Extrait de la *Revue de Géographie alpine*

Tome IX, fascicule 1, 1921.

ALBERTVILLE

ÉTUDE DE GÉOGRAPHIE URBAINE

F. GEX

ALBERTVILLE

ÉTUDE

de Géographie urbaine

CHAMBÉRY
LIBRAIRIE PERRIN
M. DARDEL, Successeur

1921

ALBERTVILLE

ÉTUDE DE GÉOGRAPHIE URBAINE

PREMIÈRE PARTIE

LES FACTEURS GÉOGRAPHIQUES

Albertville est née par ordonnance du 13 décembre 1835 de son royal parrain, Charles-Albert, de la réunion administrative de deux agglomérations jumelles, deux sœurs ennemies, selon la règle, séparées par le fossé de l'Arly, près de son confluent avec l'Isère. Ce sont : *Conflans,* la ville haute, qui trôna tout l'Ancien Régime sur son gradin de confluence taillé en promontoire, fière des avantages de sa route, de ses marchés et de son enceinte; *L'Hôpital,* en bas, dans la plaine alluviale, modeste bourg agricole qui, à la faveur de la sécurité croissante et d'un site mieux adapté aux conditions économiques modernes, soutira peu à peu à sa rivale jalouse et obstinée tous ses avantages jusqu'à la détrôner et l'absorber. C'est la loi commune à toutes les villes jumelles dont le dualisme se trouve renforcé par une notable dénivellation, comme à toutes les villes perchées, où un bas quartier créé à la faveur de la descente d'une route, de la proximité de la gare ou du trafic fluvial, finit invariablement par supplanter la ville haute et la transformer en ville morte.

C'est l'histoire connue de Chambéry, Annecy, Montmélian en Savoie; de Lyon-Fourvière; du Vieux et du Bas Marseille, de Nice-Cimiez, Antibes, Cannes en Provence; de Pérouges-Meximieux; de Laon, Langres et de toutes les fères ou fertés de l'Ile-de-France, de Buda-Pest, etc... En haut le site défensif, la ville forte, l'oppidum ou la citadelle, en bas la ville ouverte et marchande; en haut le passé, le pittoresque et le souvenir, en bas la vie moderne et les affaires.

Conflans, au moins nominalement, justifiait bien tous les attributs qui s'attachent à ce nom éminemment géographique. Sous des formes plus ou moins altérées ou simplement synonymes, Confolens, Coflans, Conflens, Coblentz, Condé, Condate, Entrêves, Entraigues, il évoque partout l'idée d'une agglomération aux abords d'un confluent de rivières, de leurs vallées et de leurs routes. C'est à la fois un carrefour ou croisée des chemins de pénétration; un débouché commun à chacune de ces vallées; un point de passage obligé dont l'importance est faite de celle de ces vallées et de leur trafic. C'est le plus souvent un point de transit à proximité d'une barrière naturelle ou politique et douanière. Parfois aussi, c'est une ville de lisière et un marché, trait d'union entre deux régions différant par leur sol, leur climat, leurs productions, leur relief; un point de soudure qui établit le contact entre la montagne et la plaine.

On sait l'importance de ces points privilégiés, même en pays de plaine. Mais en montagne, en pleine zone alpestre, la nécessité est plus forte encore. Le confluent commande rigoureusement le carrefour et, par voie de conséquence, l'habitat, le marché, le bourg hôtelier. Les déplacements de l'agglomération y sont interdits ou seulement autorisés dans l'étroite limite réservée entre les pentes raides des versants et les eaux divagantes, également inhospitalières. Le cadre rigide d'un relief grandiose oppose partout ses murailles littéralement « déroutantes », sauf au travers des trouées qu'y ont ménagées la tectonique, les rivières, leurs vallées et les routes qui en utilisent la ligne de moindre pente.

I. — Le relief.

Le cadre montagneux. — Tels sont les grands traits qu'il convient d'appliquer au carrefour d'Albertville. Il sert de commun débouché à la Tarentaise, au Val d'Arly et son tributaire le Val Saint-Maxime, du Doron de Beaufort, à l'entrée de la Combe de Savoie, tronçon elle-même de la grande dépression subalpine. Il occupe le fond de cette dépression, à l'endroit précis où elle cesse de se dilater au N.-E. suivant l'axe de l'Arly pour accentuer son étranglement dans les gorges de ce torrent et monter à l'assaut du seuil de Mégève, imparfaitement décapé, qui la sépare du bassin de Sallanches. Il ménage le contact entre les Préalpes calcaires et les massifs centraux des Alpes du N., en l'espèce les Bauges d'une part et de l'autre le Grand-Arc et le Mirantin qu'isole le fossé de la Basse-Tarentaise.

Les Bauges ne présentent qu'une façade au carrefour, leur pli le plus oriental, celui de la Belle-Etoile (1846 m.) - Dent de Cons (2068 m.), si nettement délimité par le synclinal de Tamié, l'Arly inférieur et la cluse de la Chaise où il s'infléchit. Décoiffé de sa carapace urgonienne, réduite à quelques lambeaux sur la retombée du flanc N.-W., il se différencie sensiblement de l'ensemble du massif des Bauges dont au reste, dans l'usage courant, il a perdu le nom, strictement réservé au bassin du Chéran. Son arête n'est plus qu'une croupe de marnes hauteriviennes, chauves et herbues, qui défient le taillis, striées verticalement par les ravins que collecte le fougueux Chiriac. Leur soubassement de calcaires jurassiques durs, gondolés et tordus, projette les bastions décapés du Roc Rouge (1659 m.), de la Sellive (1812 m.) et de l'Alpettaz (1439 m.), qui dérobent la vue de l'arête marneuse supérieure et sont, avec la Belle-Etoile, un des éléments du paysage albertvillois. Ils reposent eux-mêmes sur une masse énorme de marnes bajociennes et de schistes tendres du Lias où le Chiriac a eu beau jeu pour affouiller sa gorge. Au total, son allure de muraille bosselée, sa montagne étriquée où ne trouvent place que de rares montagnettes et un chétif peuplement pastoral d'été, son maigre taillis à peine respecté par le ravinement et qui contraste si fort avec le superbe boisement du flanc N.-W., font que les Bauges orientales ne donnent à peu près rien au carrefour. Elles sont une barrière sévère et dont toute l'utilité pour Albertville est de lui servir de paravent contre la bise du N. Rarement escaladée par les montagnards, les bûcherons et les touristes, on la tourne plus aisément et plus communément par Ugine ou le col de Tamié.

En face s'alignent, suivant l'axe de la dépression subalpine, les *massifs centraux* du Grand-Arc (2483 m.) et du Beaufortin (2301 m. au Mirantin). Tous deux sont cristallins, faits de schistes séricitcux et micaschistes durs, à stratification confuse et très tourmentée, la « corne de vache » du pays. Ils donnent l'impression de se relayer du S.-W. au N.-E. [1]. Le Grand-Arc, à la façon d'un énorme cétacé, coïncé entre la Basse-Maurienne, la Basse-Tarentaise et la Combe de Savoie, plonge son échine doucement sous les alluvions de l'Isère, face à Conflans. De ces deux masses, celle du Mirantin détache vers l'W. une crête dont l'influence est grande sur le site d'Albertville. Groupe rigide entre les deux coups de scie amorcés par l'Isère et le Doron, elle s'échappe de la dentelure fine et acérée du Mirantin pour se poursuivre au delà de la Roche Pourrie (1986 m.) en une cascade de bosses moutonnées, séparées par des encoches étagées d'autant plus nettes et profondes qu'elles sont plus fraîches et plus basses. Sa pointe se pousse en promontoire au droit de la Combe de Savoie comme une borne d'angle dont l'importance est capitale parce qu'elle y règle le tracé des rivières et leur point de confluence et parce que ses bosses étagées sont autant

[1] En coulisse, avec un décrochement axial manifeste, accident tectonique qui ne paraît pas étranger à la trouée facile qu'y devaient opérer les basses rivières de l'Arc, de l'Isère et du Doron ; des points prédestinés à la confluence, au débouché de leurs vallées dans le fossé de la Combe, le niveau de base commun.

de vigies, des observatoires, des sites défensifs, aujourd'hui un remarquable groupe de forts et de batteries qui lui confèrent un rôle protecteur incontestable avec la maîtrise du carrefour. C'est le *verrou de Conflans,* dont la butte terminale, recoupée à pic par le creusement glaciaire, ne laisse plus subsister sur sa bosse qu'une esplanade étriquée, à peine supérieure au niveau de l'encoche qui la détache des flancs du Mirantin. L'espace y est mesuré, mais l'escalade relativement facile. L'homme devait s'accommoder, faute de mieux, de ce perchoir modeste et bas, dominant de 80 mètres la plaine et ses eaux, qui le garantissait contre leurs divagations et réalisait, avec les avantages de son site défensif, les conditions d'une viabilité adaptée avec effort à une longue période de troubles comme aux besoins du trafic local.

Les vallées. — Le site d'habitat du carrefour était déterminé par son relief et son cadre montagneux; il l'était aussi bien, quoique négativement, par ses rivières. Elles sont un présent de leurs vallées, les quatre vallées du carrefour : celles de l'Arly, du Doron de Beaufort, de l'Isère et de la Combe de Savoie. Comment se présente leur morphologie au carrefour?

Le Val d'Arly inférieur, d'Ugine à Albertville, paraît être un fossé tectonique, un synclinal aménagé en bordure du Beaufortin. Dans l'état actuel de la vallée, les deux bastions de calcaire jurassique dur du Roc Rouge et de la Sellive sont incontestablement des lambeaux d'un synclinal perché dont le flanc E., adossé contre le Beaufortin, a été dévoré par l'érosion. Sa charnière jurassique affouillée et déblayée, l'agent de creusement, impuissant à mordre sur le cristallin à l'E., reportait tout son effort sur les marnes sous-jacentes, déchaussait leur couverture plus résistante et imprimait au versant W. une vigoureuse migration, laissant à découvert une respectable largeur de 4 kilomètres de formations tendres allant de l'oxfordien de Chevron au quartzite triasique des Adoubes. Beau champ d'opération pour l'érosion de la période glaciaire, qui contribua sûrement, d'ailleurs, à son creusement et à sa dilatation. Trop vaste même lorsque, dans cette vallée synclinale devenue nettement monoclinale, l'outil de façonnement se fut appauvri à la suite d'accidents probables, des captures à l'amont vers la cluse de Faverges ou à l'aval au profit de l'Isère. Tel quel, ce val d'Arly se présente comme un organisme très délicat et composite portant des empreintes multiples et confuses en raison de la faible dureté de ses schistes. Il fait l'effet d'une vallée imparfaitement déblayée, laissée en panne en pleine évolution par l'arrêt d'une érosion glaciaire brusquement anémiée ou disparue. Il présente le gros intérêt d'une auge glaciaire à peine remaniée par l'érosion fluviale, impuissante à relayer le glacier qui l'a approfondie et élargie. Il y a place pour deux talwegs longitudinaux : le Chiriac et l'Arly. Le premier, simple gouttière monoclinale, a été creusé par les modestes diffluences glaciaires d'Allondaz, de Chevronnet et de Perthuis, qui ont isolé les bosses moutonnées du Tal, de Bermond et de Château-Vieux. Elles faisaient retour au glacier de l'Isère à l'aval par la vaste échancrure de l'Aidier, qu'une gorge récente a raccordée au niveau remblayé de l'Isère actuelle. A l'amont, l'énorme moraine latérale d'Allondaz au Fort de Lestal a aveuglé la gouttière, la réduisant à un bras mort glaciaire.

Dans l'ensemble, ce val d'Arly fait figure de seuil péniblement et imparfaitement décapé entre la Combe et la Cluse de Faverges. L'instrument d'érosion, opérant alternativement vers l'amont et vers l'aval, y aurait ouvert deux encoches, l'une secondaire, abandonnée parce que moins accusée, celle du Chiriac. L'autre dépression, celle de l'Arly, l'encoche principale, au versant d'ombre, retint plus longtemps le glacier; au surplus, elle bénéficiait du renfort amené par le Doron. Toutefois, son brusque étranglement en amont d'Albertville atteste un état d'indigence frappant par rapport à l'imposant déblaiement observé dans le coude de la Basse-Tarentaise et la Combe de Savoie. Les preuves de son indigence, née de son bassin réduit et de ses diffluences par la cluse de Faverges et les encoches latérales au Chiriac, l'Arly les a accumulées dans le fond et les flancs de son auge.

Le fond, uniformément remblayé et raccordé à l'Isère, d'Ugine à Albertville, apparaît plutôt comme une succession de deux ombilics, tout au moins de deux bassins. C'est d'abord celui de Marthod, dilaté au détriment des schistes tendres de la rive droite et à la faveur du confluent d'une branche du glacier du Doron. A l'aval, celui d'Albertville, non plus fermé comme le précédent, mais largement ouvert sur la Combe avec la complicité très opérante du glacier de l'Isère qui avait tout déblayé devant lui et préparé la voie avec son niveau de base. Un défilé de 3 kilomètres les relie, large de 200 mètres au plus, à peine dilaté au droit du confluent du Doron, à peine suffisant pour l'écoulement des grosses eaux. L'historique des crues prouve qu'il ne l'est plus du tout aux grandes inondations générales. Il y embouteille alors les débâcles conjuguées venues d'Ugine et de Beaufort. La route récemment descendue le long du torrent s'en défend par une digue qui a déjà connu toutes les infortunes. Les eaux barrées s'accumulent à Marthod, grosses de menace, quand le barrage cède, pour Albertville, son pont, ses artifices, ses maisons et sa plaine.

Les flancs ont un profil en escalier. C'est, sur la rive droite, un étagement confus de gradins, replats, sites des villages de Bermond, Chacroix, Etraz, Pallud, Villard, entre 840 mètres à la bosse du Tal et 350 mètres (20 m. à peine au-dessus du niveau de l'Isère) comme au replat du vignoble qui porte la Vierge de Saint-Sigismond ou celui de l'ancienne église d'Albertville. Quelques-uns se compliquent de gouttières ouvertes par le ravinement latéral. C'est la réplique de tous les accidents avec leurs moutonnements, leurs stries ou brèches, pentes et contre-pentes, décrits par M. J. Blache, sur le versant de même nature, homogène et tendre, de la rive gauche du Grésivaudan [1], mais

[1] Le bord d'auge glaciaire du Grésivaudan (Etude de Morphologie glaciaire). *Rec. Trav. I. G. A.*, II, 1914, p. 353-407.

en bordure d'une vallée beaucoup plus large et plus évoluée. Nombreux et désordonnés sur les formations tendres de la rive droite, ils sont beaucoup plus discrets sur le versant opposé, cristallin et dur. Dans l'ensemble, la trouée du Doron mise à part, il est à peine égratigné et les replats ou niveaux d'érosion n'y sont bien marqués que là où le versant est réduit à une arête plus sensible aux coups de scie latéraux qu'au burinage dans le versant plein. Quant à leur concordance de niveau sur les deux versants, la différence de nature et de résistance des roches la rend difficile, décevante et partant tout à fait illusoire. Toutefois, l'isométrie approchée de Conflans (422 m.), des villages de Doron et Césarches (420 m.) sur la rive gauche, du replat (407 m.) immédiatement inférieur à celui de l'église de Pallud (404 m.), prolongé jusqu'aux Chapelles sur le versant droit, ne manque pas d'être impressionnante. Elle semble bien révéler, avec son allure gaufrée, un ancien fond d'auge glaciaire, le dernier niveau de la vallée suspendue de l'Arly avant le creusement actuel camouflé par la masse de remblaiement qui porte Albertville. Ainsi Conflans et Pallud couronneraient les deux gradins de confluence, les deux témoins respectés de ce niveau. A 200 mètres environ au-dessus s'échelonne un autre complexe de bosses, gouttières et plans de la Farette, Pommarey (605 m.), Bottières, les Côtes (615 m.), Montessuit, face à la batterie de Lançon et qui pourraient bien marquer le niveau du gradin de confluence du Doron, lui-même suspendu sur l'Arly. Sa gorge de raccordement ne dut commencer à l'entamer que du jour où la régression du glacier de l'Arly et de l'Isère put lui donner la voie avec l'appel d'un niveau de base brusquement abaissé.

La vallée du Doron. — A la faveur de la jeunesse de cette gorge, le Doron n'ouvre sur le carrefour qu'une porte dérobée et comme une sape de tranchée deux fois coudée, à Venthon et à Queige. La pente kilométrique sur ce parcours de 6 kilomètres est de 33 mètres contre 8 sur l'Arly, d'Ugine à Albertville, et

2 dans la plaine de confluence. C'est un étroit défilé dont l'étranglement ne laisse de place qu'à la rivière et où la raideur des versants oblige la route en surplomb à l'enjamber d'un pont au droit de la bosse des Rocagers. A vrai dire, il est encore en instance de raccordement, sa pente et son profil l'attestent manifestement. Les causes de cette imparfaite évolution se doivent demander au brusque raccord du talweg au confluent de Venthon et à l'incomplet décapage de sa moraine terminale de Venthon-Plan-Montessuit, peut-être simple nappe subordonnée d'origine beaufortaine. La jeunesse du défilé du bas Doron pourrait tout aussi bien attester le stationnement de son glacier sur le front du bassin de Queige et son indécision à choisir entre la trouée de Venthon et la porte de décharge de la Forclaz (879 m.), à 300 mètres seulement au-dessus de Queige, col de diffluence très authentique, peut-être le point de passage du glacier principal, quand il s'engageait vers Ugine dans le sillage du grand glacier de l'Isère.

Le débouché de la Basse-Tarentaise. — L'ensellement par où s'est ouvert le Doron sur l'Arly est un peu l'image de celui où s'est ménagée l'issue de l'Isère sur la Combe de Savoie; mais les dimensions sont tout autres. En effet, à l'aval de l'étroit défilé de Briançon à Rognaix, la basse vallée de l'Isère se trouve subitement dilatée, avec un fond plat remblayé, atteignant de 600 à 1.000 mètres de largeur. Sur 12 kilomètres, jusqu'au confluent, sa pente kilométrique tombe à 4 m. 58. En dehors du verrou de schistes durs de Cevins, le rebord d'auge du défilé y est littéralement émietté. Ce n'est pas l'appoint des modestes émissaires locaux des cols de Basmont et de la Bâthie qui peut porter la responsabilité de ces dimensions, non plus que la masse homogène des schistes séricíteux, à peine moins résistants que ceux de l'amont. La solution, vraisemblablement, se peut trouver dans l'existence de l'ensellement de Rhonne à Conflans, où l'axe cristallin, réduit à un seuil, aurait cédé à une remontée d'érosion partie de la Combe, car il n'est pas impossible d'évoquer, pour expliquer le brusque coude de Tours, l'hypothèse d'une capture d'une ancienne Isère dirigée vers Ugine.

Un autre élément d'intérêt du débouché de l'Isère tarine, c'est la différence des deux versants. Rive gauche, le flanc est raide, sauf de modestes cabochons à Rhonne; c'est le côté de l'ombre, où le glacier, plus longtemps puissant, a sapé vigoureusement le versant. L'autre flanc, au contraire, exposé en plein soleil, a été sculpté en verrou, avec tout un cortège de bosses, d'encoches étagées, attestant la collaboration de la glace et de l'eau dans un appareil diminué et en proie à la fusion. Ainsi s'est constitué, sur ce promontoire, l'élément capital de la morphologie du carrefour.

La plaine de confluence. — Arly et Isère confluent sous Conflans dans un ample bassin qui dépasse les limites du cadre urbain. Cependant il est possible d'y distinguer les éléments d'une plaine d'Albertville proprement dite, bornée au N. par l'éperon schisteux qui sépare les bassins du Chiriac et de l'Arly; au S.-W., vers la Combe, par le cône du Chiriac; au S. par le lit endigué de l'Isère; on peut la faire remonter en amont jusqu'à une ligne joignant les hameaux de Rhonne et des Vignettes. L'ensemble est un rectangle de 4 kilomètres de long sur 2,5 de large et dont le petit côté, N.-E., est éventré par la vigoureuse saillie du verrou de Conflans. Sa superficie atteint bien près de 8 kilomètres carrés. Malgré son exiguïté, il y a place et matière à divisions tout aussi géographiques que les limites; véritables petites entités qui n'ont pas échappé à l'observation et à l'utilisation humaines et qui ont joué chacune leur rôle dans l'histoire et l'évolution de l'agglomération du carrefour. Le verrou de Conflans mis à part, cette plaine est coupée en deux compartiments inégaux et fort distincts par le fossé de l'Arly : la plaine de Conflans sur l'Isère, la plaine de l'Hôpital ou d'Albertville sur la rive droite de l'Arly et des deux rivières réunies. La première est la mieux nivelée, la moins déclive, celle qui dégorge le plus d'eau, où les divagations et leurs « corrosions » ont promené longtemps leurs menaces et les plus graves méfaits. Le diguement y a mis un terme en collant la rivière contre le versant cristallin de la rive gauche, à seule fin d'épargner la plaine, ses cultures, ses installations, la voie ferrée, la route de Tarentaise au pied du versant opposé, avec sa rue de maisons en bordure. L'autre, circonscrite par l'Arly, l'Isère, le Chiriac et les hauteurs, est la plaine d'Albertville, tout entière occupée par le cône de déjections de l'Arly. Ses alluvions se sont déposées et s'étalent en un éventail très surbaissé, large de 2 kilomètres à sa base, à la faveur d'une pente kilométrique qui se relève rapidement au débouché dans la Combe. Cette base va se coincer à la rencontre du cône du Chiriac, se souder à ce barrage de près de 10 mètres, postérieur au remblaiement actuel de la vallée, nullement recoupé et qui avait tendance à refouler sur Grignon l'Arly et l'Isère avec leurs alluvions. Si le Chiriac, après bien des infortunes, a pu être maintenu sur le dos de son cône, l'Arly rectifié a été rejeté sur la bordure E. du sien et collé contre le verrou de Conflans pour entraver toute tentative de remontée sur son cône, épargner à celui-ci des divagations dévastatrices, tendre son tracé, l'obliger à recreuser son lit et réaliser l'économie d'une digue sur la rive gauche. Mais dans l'intervalle de ces deux cônes sensiblement surélevés, demeurait découverte en contrebas une petite surface triangulaire, point de concentration des eaux d'infiltration des cônes, jointes à celles qu'y recueillait le ruissellement du versant. L'écoulement en devait être pénible le long de la ligne à peine déprimée par où se faisait la soudure des deux nappes alluviales. Dans cette poche souvent inondée se trouvaient reléguées des eaux stagnantes, avec la seule utilisation végétale qui s'en pouvait accommoder. C'était le domaine des communaux des gens de l'Hôpital, leur verney, leurs prés-marais. Les quelques granges installées aux abords y devinrent plus tard le village permanent de Clopet. Une tuilerie s'y fixa en vue d'exploiter l'argile fine et bien lessivée de son fond vaseux. Le diguement, terminé en 1848, ne l'assécha pas brusquement. Les alluvions du versant schisteux et du ruisseau de l'Etraz y opérèrent un colmatage automatique mais lent. La carte de l'E.-M. au 1/80.000 de 1875 et sa révision de 1888 y figurent encore l'étang de Clopet, tandis qu'il a disparu dans la révision de 1895. Aujourd'hui, en place de l'étang et des marais colmatés et drainés se sont installés d'opulentes cultures, des champs de maïs, des prés-vergers et de profitables treillages.

II. — **Le climat.**

Le cadre montagneux, ses vallées, leur basse plaine de confluence et le verrou de Conflans, tels sont les éléments qui font toute l'individualité du carrefour d'Albertville. Ils sont aussi les facteurs de son climat, joints à la latitude qui place Albertville à peu près au centre des Alpes humides du N. Le cadre montagneux, par la grande élévation de ses sommets à réserve neigeuse puissante et persistante, exerce jusque sur la ville une influence refroidissante. En bas, l'inversion de température rend la plaine glaciale en hiver par temps beau et calme et y fait différer le départ de la végétation, toujours en retard sur celle des coteaux. La plaine exerce d'autres influences; celle de sa faible altitude, qui réduit le chiffre de ses précipitations, pluies et neiges, comme celle qui lui vient de sa constitution alluviale, à peine exondée, et saturée par les eaux d'infiltration des rivières ou du ruissellement latéral. Elle se comporte à la façon d'une éponge trempée, un foyer d'évaporation où se forment et traînent longuement les brouillards et qui vaut à la ville de désagréables froidures humides en hiver et de lourdes chaleurs en été. Les versants en place n'ajoutent rien au climat sinon leurs points d'abris et leur tranche d'insolation intense et de bonne exposition que recherchent avidement les cultures, la vigne et l'habitat. Latitude, altitude, disposition du relief déterminé par l'orientation des vallées : tels sont donc les facteurs du climat d'Albertville. Leur jeu influe diversement sur les éléments ou les manifestations de ce climat : la température, les vents, les précipitations.

La température est l'élément le moins bien connu, faute d'observations suivies. Il ne peut être fait état que du voisinage des deux seules stations auxquelles Albertville peut servir d'intermédiaire en latitude et altitude. Chambéry, à 270 mètres, présente, de 1863 à 1908, une moyenne annuelle de +11° et une amplitude de 53°3 entre ses maxima absolus, + 34°5 et — 18°8. Annecy, à 450 mètres, donne, de 1860 à 1908, + 10°01, un écart de 52°5 entre + 37° et — 15°5[1]. Il est permis, en procédant par analogie, de reconnaître grossièrement dans ces données les chiffres d'Albertville qui ne sauraient être autrement précisés, avec cette réserve toutefois que les chaleurs estivales dépassent bien exceptionnellement + 30°, tandis que l'inversion de température donne plus fréquemment des froids persistants pouvant s'abaisser au-dessous de — 20°. Le 6 décembre 1753, « le froid excessif qui sévissait a entièrement arrêté les machines dans les salines de la plaine de Conflans », de même qu'en avril 1758, « le pays vient encore d'être éprouvé par une très forte gelée qui a détruit presque toutes les récoltes[2] ». On reconnaît là les méfaits du rayonnement et de l'inversion de température dans les parties basses. Le même phénomène est responsable des brises périodiques qui pendant la nuit descendent et le jour remontent les vallées.

Les vents. — C'est la régularité de ce phénomène très remarquable et surtout très sensible à l'organisme humain qui avait le plus frappé un observateur d'occasion tel que l'Intendant de la province sarde de la Haute-Savoie[3]: « Il y a deux vents prin-

---

[1] Cf. P. Mougin, Les Torrents de la Savoie (Grenoble, 1912), p. 48-50; *idem*, La neige en Savoie (*Bull. Soc. hist. nat. de Savoie*, t. XVII, 1911-1912), p. 149.

[2] Arch. Savoie, C. 1164.

[3] Arch. Savoie. Fonds Sarde (FS.), 525. *Statistique*, 1821.

cipaux à l'Hôpital : le vent S.-E. qui souffle de l'Isère à Conflans et le vent N.-E. qui débouche de la gorge d'Ugine et suit le cours de l'Arly, entretient dans toute la plaine où est située la ville de l'Hôpital, avant le lever et après le coucher du soleil, un air froid, sensible, qui n'est pas sans influence sur la santé. A des journées très chaudes succèdent des soirées subitement fraîches... » En réalité, ce sont les deux branches du même vent de montagne qui confluent à Albertville pour n'en plus former qu'un seul, la matinière de la Combe de Savoie, remontante le jour et descendante la nuit, mais seulement par temps calme et quand ce rythme n'est pas troublé et paralysé par des perturbations atmosphériques générales et d'origine lointaine. En somme, la direction des vents à Albertville est ce que l'ont faite ses vallées confluentes et les trouées de son cadre montagneux. Le N., froid et sec (la bise ou la bise noire par temps gris) ne joue bien qu'à la faveur de l'échancrure du col de Tamié; mais Albertville, embusquée un peu à l'écart au S.-E., derrière l'écran du Roc Rouge et de la croupe de Château-Vieux, en est assez peu incommodée. Les vents d'E. sont un peu déviés en N.-E. et canalisés par le val d'Arly où ils renforcent la nuit la matinière descendante, mais la neutralisent et la refoulent à la remontée le jour. Ils sont pareillement froids et secs, car ils ont traîné et se sont asséchés sur les sommets enneigés à l'amont. Le S., devenu S.-E. parce que convoyé par l'Isère, est le vent des orages d'été, le « vent » tout court des «redoux » et des inondations l'hiver. La lacune la plus grave du rapport de l'Intendant en 1821 est d'avoir omis de mentionner les vents du S.-W., sans doute les moins remarqués parce que les plus fréquents, les plus tièdes, les moins incommodants. Ils y ont cependant l'importance de la vallée qui les draine et les remorque, la principale. Ils sont une composante de tous les vents du S.-W. au N.-W., mais toujours conforme à la direction du large fossé de la Combe où ils s'engouffrent. C'est le vent du mauvais temps, de la pluie, de la neige, voire même des orages à grêle quand la décharge de ses brusques condensations suit l'arête des versants canalisateurs, puis se soude et fait la voûte par-dessus la vallée pour l'inonder ensuite de ses pluies torrentielles et souvent persistantes, les pluies océaniques. C'est le vent dominant, humide; celui qui, à lui seul, suffit à caractériser le climat d'Albertville et de toute sa région.

Les pluies. — Le régime des pluies est particulièrement bien connu, grâce aux observations du service des Eaux et Forêts (reboisement), aux publications de M. Mougin et principalement aux belles études de M. E. Bénévent[1]. Nous lui empruntons les chiffres, exprimés en millimètres, des moyennes mensuelles et annuelles (moyennes de 30 ans d'observations) pour la station d'Albertville-Grignon, à 340 mètres.

	J.	F.	M.	A.	M.	J.	J.	A.	S.	O.	N.	D.	An.
Pluies ..	82	89	86	82	89	92	93	104	100	123	102	107	= 1.154

Pour la neige, 13 années d'observation donnent une moyenne de 805 millimètres de neige fraîche avec 81 mm. 9 d'eau de fusion. La tranche se répartit en 12,1 jours de neige, dont 0,1 en octobre, 0,8 en novembre, 2,2 en décembre, 2,8 en janvier, 2,3 en février, 2,9 en mars, 0,2 en avril, 0,2 en mai.

La lecture de ces chiffres de précipitations indique qu'Albertville, si elle reçoit chaque mois des quantités considérables, présente pourtant un maximum d'été et d'automne, ce qui la classe dans la zone « atlantique à tendance continentale ». Le total annuel, s'il est inférieur à celui des stations préalpines, est beaucoup plus élevé que celui des vallées intérieures, Moûtiers, Chamonix même; il est plus fort que la moyenne de la Savoie (1.014) et de l'Isère (1.125), d'après les données de M. Angot[2]. Ce gros chiffre est dû à la situation en bordure des hautes terres des massifs centraux, à l'endroit où l'entonnoir de la Combe de

[1] E. Bénévent, *La pluviosité de la France du Sud-Est*, dans *Rec. Trav. I. G. A.*, t. I, 1913, et *La neige dans les Alpes françaises*, *ibid.*, t. V, 1917.

[2] Régime pluviométrique de la France, Région du Sud-Est. *A. de G.*, XXX, 1921, p. 36.

Savoie se rétrécit en un goulot qui canalise les vents humides du S.-W.

En revanche, la faible altitude de la plaine vaut à Albertville une très modeste tranche de neige, 805 millimètres, qui contraste avec les épaisseurs atteintes à Ugine (1.380) ou à Beaufort (2.622); neiges du milieu et de la fin de l'hiver, du même type de répartition qu'à Grenoble. A ce titre, Albertville n'est qu'à peine une station alpine.

En somme, un climat de plaine un peu tracassé par la rudesse des montagnes environnantes; un ensemble de traits qui n'est pas loin de rappeler celui du Piémont. C'est ce qu'exprimait assez bien le rapport d'un visiteur de 1814, disant au pied levé : « Quant au climat, quoique le soussigné n'y ait séjourné que pendant 5 à 6 jours, il peut assurer S. Exc. qu'il est fort doux et que même il n'a point éprouvé jusqu'ici de différence en le comparant à celui du Piémont[1]. »

III. — Les rivières[2].

Dans ce climat de plaine, aux précipitations régulières et tempérées, les rivières détonnent un peu. C'est qu'elles sont nées sous d'autres cieux et sur un tout autre relief.

Trois cours d'eau débouchent dans la plaine d'Albertville, très inégaux et susceptibles de crises très différentes : l'Isère, l'Arly, le Chiriac. La première, déjà grand cours d'eau de 1.890 kilomètres carrés de bassin, a un régime assez régulier puisque ses eaux moyennes (38,6 mètres cubes) ne représentent pas le double de son étiage (20,7) : toutefois ses inondations la portent à plus de 1.000 mètres cubes. L'Arly (648 kmq.), a plus de fougue, en raison de sa pente et de l'imperméabilité de son bassin; la

---

[1] Visite et enquête *de commodo et incommodo* en prévision de l'installation du Sénat à Conflans (juin et septembre 1814). Arch. Savoie, FS., 890.

[2] Mougin, *op. cit.*, l'Isère, l'Arly, Doron, Chiriac.

différence est déjà forte entre l'étiage (7,8 m. c.) et le module (25); plus encore entre celui-ci et les crues (480). Enfin le Chiriac est un torrent fougueux, qui roule d'ordinaire 600 litres à la seconde et déchaîne des douzaines de mètres cubes aux crues, lorsqu'il pousse une lave faite de la bouillie des marnes, des blocs calcaires éboulés et des dépôts glaciaires qu'il jette en gros paquets sur son cône et dans l'Isère.

En dépit de ces différences de régime, tous trois ont produit, au cours de l'histoire, des inondations qui n'ont pas laissé d'avoir sur la ville de graves conséquences. M. Mougin a ainsi dénombré 66 de ces sinistres pour l'Isère, 45 pour l'Arly, 12 pour le Chiriac. Pour toutes, le maximum de fréquence est tantôt au cours de l'été, tantôt au début et au milieu de l'hiver. Les inondations d'été sont le fait des brusques et violents orages, plus communément des pluies du maximum continental venant s'ajouter à l'énorme flot de fusion des neiges et des glaciers. Elles cessent brusquement avec l'écoulement des dernières pluies. Les inondations d'automne sont provoquées par les grandes pluies océaniques de la saison et se ralentissent avec le ruissellement lorsque, la température refroidie par la détente atmosphérique, les précipitations en montagne tombent en neige. Le ruissellement est aussitôt arrêté, comme « le mauvais temps »; les nuages s'élèvent, les sommets apparaissent blancs de neige et annoncent les premiers froids. Les inondations d'hiver sont l'œuvre des coups de foëhn ou de vent chaud et très violent du S. Les neiges, jusqu'à de très grandes altitudes, sont lampées et fondues en un jour ou deux, souvent en quelques heures; la réserve neigeuse, totalement liquéfiée, se rue vers les talwegs. Des pluies torrentielles de détente suivent invariablement et assurent une survie de quelques jours aux débordements du flot de fusion. Le refroidissement survient bientôt et progressivement; il provoque, avec des chutes de neiges le plus souvent générales, jusque dans le bas pays, la paralysie de l'écoulement et la fin de l'inondation.

Ces inondations hivernales sont toujours très brusques dans

la montée du flot, plus encore dans sa décrue. Elles sont courtes, avec une intensité et un caractère dévastateur en raison inverse de l'altitude, et toujours frappantes parce qu'elles contrastent grandement avec le débit normal de la saison, partout à l'étiage du fait de la gelée, des pluies rares ou des précipitations neigeuses à écoulement différé.

Qu'elles viennent de l'une ou de l'autre des trois rivières, les inondations ont toujours été pour la plaine d'Albertville un fléau redouté. De toutes, les plus dévastatrices sont naturellement les inondations d'été, parce qu'elles paralysent un trafic plus actif et parce qu'elles saccagent régulièrement une récolte pendante et « de bonne prise » dans « les fonds les plus spécieux à la production des grains en bonne partie réduits en glières [1] ».

La fin de ce rapport de 1772, concernant l'*Isère*, fait allusion sans doute à l'inondation des 10-12 juin 1764, où elle « a rompu et quitté son lit depuis l'extrémité de la grande digue de Tours (à la berge concave du coude de confluence)... s'est jetée au travers des terres et poursuit son cours près de la digue au-dessus des royales salines; ayant emporté en plusieurs endroits le grand chemin (route de Tarentaise)..., a couvert les terrains cultifs de la plaine de limon, boue, gravier..., a causé la perte des blés et foins et emporté des bons terrains, et ce tout, dans l'étendue de 1.000 journaux des meilleurs fonds, desquels quoiqu'on puisse restituer une partie à culture, ce ne sera pourtant qu'avec des travaux de plusieurs années [2] ».

Puis voici le *Chiriac*, « dont l'aspect épouvante aux moindres crues ». Il décoche chaque année dans la plaine des laves brutales que son lit, longtemps divagant sur son cône, est impuissant à contenir comme à écouler. Il coupe la route de Chambéry, arrête les habitués des marchés de Conflans ou de l'Hôpital et,

[1] Arch. communales (A. C.). Conflans, DD. 3.
[2] *Idem*, DD. 8.

le 5 mars 1817, il inonde toute la plaine « où plus de 100 journaux de terrain, qui étaient cultivés, sont réduits en grève [1] ».

Pour l'*Arly*, c'était la menace perpétuelle contre laquelle le bourg et son domaine agricole avaient à se garantir, souvent dans des conditions de surprise brutale et d'impuissance absolue à parer le coup.

En 1733, les 13 et 14 septembre, « l'Arly, très gros, emporte plusieurs champs et prés dans la plaine ainsi que deux maisons avec le foulon à draps. Il abandonna son lit et endommagea les digues et les salines de Conflans. La digue de l'Hôpital fut aussi détruite ». Nouvelles inondations de la plaine en juillet 1734, janvier 1737. 1740 vit, du 20 au 28 décembre, une formidable inondation : « Il plut ces dits jours à verse et si abondamment de jour et de nuit sans discontinuer qu'il semblait que le monde allait périr. La rivière d'Arly, dans la vallée de Marthod, tenait partout... Elle ressemblait à un lac. » Dès le 20, « l'eau allait à la hauteur du pont de l'Hôpital, barrée par quantité de racines, broussailles et gros arbres contre et devant tous les pilots du pont, cela ayant formé comme une espèce de forte écluse... se trouvant ladite rivière gênée à sa gauche par la montagne et à droite par la digue de l'Hôpital ». Le pont céda; aussitôt l'eau, qui était déjà entrée dans les maisons de l'Hôpital, diminua de 2 pieds. « Sans la rupture du pont et la résistance de la digue qui a empêché que la rivière n'ait d'abord pris son cours au milieu de l'Hôpital, ce village aurait été entièrement perdu, de même que celui de Saint-Sigismond et les terres qui sont au-dessous...; ladite inondation a, de plus, ravagé toutes les terres, jardins et vergers aux environs de l'Hôpital et posé au rez-de-chaussée des maisons dudit village environ un pied de limon, et pour marque de la force que ladite rivière passait déjà dans ledit village, elle a fait plusieurs creux au milieu de la rue et notamment un de la hauteur d'un homme devant la maison du

[1] Arch. Savoie, FS., 104.

seigneur comte de Grésy, où autrefois était le magasin à sel[1] ».

L'Arly déborde encore et inonde la plaine en 1744, 1749, 1756, 1757; en 1758, du 25 au 30 mai, il crève sa digue de la rive gauche, envahit « les salines de Conflans, le magasin à sel et menace la maison des cuites ». Il récidive en 1764. En 1765, à la Toussaint, la rivière « était si extraordinairement grossie qu'elle regorgea dans la plaine de l'Hôpital et la submergea toute et s'étendit même par celle de Saint-Sigismond qui était toute contiguë... Une branche entrant dans le village de l'Hôpital a submergé tous les vergers et jardins derrière les maisons... et c'est cette branche qui a perdu toute la plaine qui était déjà en grosse partie ensemencée[2] ». Il fallut le diguement du XIXe siècle pour donner à la plaine la sécurité et lui permettre de prendre tout son essor économique.

IV. — *Végétation et cultures.*

Le cadre montagneux annonce le tracé et le régime des rivières, l'orientation de leurs vallées fait le climat, modifie l'exposition et avec elle la végétation. Sur les *flancs,* les vallées confluentes de l'Arly et de l'Isère, à la faveur du verrou de Conflans, ont installé deux adrets sur leurs rives droites, opposés à deux ubacs sur leurs rives gauches. Sur l'Arly, à l'adret ou l'endroit qui voit le soleil tout le jour, « le coteau des vignes », s'étend un vignoble ininterrompu de Pallud à l'Aidier, un vignoble disposé en lanières latérales séparées par la ligne mince et confuse des replats à cultures, et au surplus sites d'habitat où s'égrènent de nombreux villages agricoles. Seule la crête, ligne de faîte entre Arly et Chiriac, se couronne de quelques toupets boisés

---

[1] Invent. AC., p. 54, DD. 3, 1.

[2] C'est vraisemblablement cette inondation qui nécessita le bornage des terrains protégés par la nouvelle digue et la réfection d'une partie de la mappe. (BB. 9, 12.)

comme à Château-Vieux et au Tal, témoins discrets et refoulés d'un ancien taillis essarté au profit du vignoble. La rive gauche de l'Arly est un ubac, un envers glacé par le manque d'insolation et la bise âpre du val d'Arly. C'est une châtaigneraie dans le bas, qu'interrompent à peine les maigres prés-vergers et les cultures des villages de clairières et des replats inférieurs de Revetty, Bottières, Pommarey, relayés en altitude par un épais taillis de hêtres, de charmes, auquel succède la zone des résineux jusqu'aux alpages supérieurs de la Roche Pourrie et des chalets de Tours. Sur l'Isère, rive droite, le vignoble de Conflans aux Vignettes s'accroche en une poussière de lambeaux sur les bas replats, à l'aide d'un véritable lacis de murettes et « muraillons ». Dans l'intervalle, un taillis fort malmené pousse, jusque dans la plaine, des languettes boisées de chênes rabougris aux racines le plus souvent déchaussées lorsque la pente et le ravinement se font excessifs. Rhonne, sur la rive gauche, donne la réplique à l'Envers de l'Arly, avec cette aggravation que l'orientation franchement au N. y rend les clairières dans le bas plus timides et moins nombreuses, le tapis végétal plus fourré et plus homogène, avec, en haut, une ceinture de résineux de belle venue, depuis qu'ont cessé les abus de l'exploitation de l'Ancien Régime, le libre parcours, la paissance du sous-bois par des troupeaux de chèvres et surtout le fonctionnement, vers 1793, des salines royales de Conflans, dont les besoins, pour leurs « cuites et étuvations », se montrèrent trop longtemps insatiables.

Le *fond* du carrefour ne fut, avant le diguement, qu'une vaste *glière*, coupée de bras morts aussi instables que le lit des rivières elles-mêmes. La végétation spontanée n'avait pas toujours le temps de s'installer dans ses vases farcies de cailloux roulés, entre deux séries de corrosions; à plus forte raison les cultures. A vrai dire, la glière était le délaissé frais et nu, éminemment temporaire et précaire et qui n'avait pas le temps d'amorcer l'invasion du tapis végétal. Avec le temps, le gazonnement s'y installait; c'était le pré-marais, la *blachère;* puis le bois, un bois de vernes mêlé d'épines à feuilles effilées et blanches et à baies rouges et acides. La glière s'était muée en *verney,* le terme de l'évolution végétale de la glière en même temps que son armature défensive contre les corrosions à venir. Le plan d'eau des inondations s'élevait jusqu'à son sous-bois épineux et herbacé. Celui-ci lui servait de filtre; les limons bienfaisants s'y déposaient, colmataient son cailloutis, la rendaient « cultive », donc fort tentante pour l'essartage; d'autant que les vernes de bonne venue dans cette terre franche des limons poussaient drus et « d'un bon rapport ». Le verney, inconsidérément défriché et désarmé, constituait une *île,* « fonds cultif et spécieux pour la récolte en grains », mais essentiellement précaire parce que rien ne le défendait plus contre les incursions de l'inondation; pas même les digues « partielles et provisionnelles » des particuliers, parce que trop facilement tournées par le flot. L'île, cisaillée de bras morts révélés par leurs roselières, faisait alors retour à la glière et le cycle recommençait. Telle était du moins l'histoire sans cesse renouvelée du peuplement végétal de la plaine de Conflans, la mieux nivelée, la plus parfaitement remblayée, celle où le lit de l'Isère était le plus instable, où régulièrement, à chaque inondation, la plaine tout entière était submergée d'un versant à l'autre, où le lit mineur se confondait avec le lit majeur.

Le cône de l'Arly, bien que fort surbaissé, lui épargnait une aussi inopportune fréquence des divagations. Il suffisait de surveiller les laves torrentielles et leur débâcle au débouché du défilé de l'Arly, à la naissance de l'éventail. La rivière, plus rapide, suivait plus docilement la direction des premières digues de l'Hôpital. Le demi-barrage du pont (un méchant pont en bois) cédait le plus souvent et c'était la délivrance pour le bourg et sa plaine. La base du cône, par contre, plus surbaissée, voyait se concentrer les eaux de l'Arly, de l'Isère et du Chiriac; une nappe y traînait, emprisonnée derrière la soudure des cônes, et y déterminait le marécage pérenne de Clopet. C'était la blachère, le pré-marais de la plaine de l'Hôpital, terme de la série végétale, dont la gamme, représentée par le verney, les îles, la zone des cultures à peu près fixes, jusqu'aux potagers et vergers de « derrière les maisons de l'Hôpital », remontait le cône en fonction du degré de stabilité des « fonds cultifs » et de la sécurité de la plaine.

L'état de la propriété reflétait lui aussi ces inégales conditions de sécurité. Très morcelée dans la zone des potagers, elle se détendait à l'aval et s'élargissait dans les limites de l'éventail du cône, pour se fondre dans l'imprécision et l'anonymat des communaux de la base qui englobaient les îles les plus instables, le verney et le pré-marais. La propriété parcellaire privée y eût été sans cesse bouleversée par les divagations des rivières et les déplacements de leur confluent. Le régime communal collectif, jusqu'au diguement, était devenu une nécessité. Il constituait un *ager publicus,* comportant bien des déceptions, des aléas, sans compter les pillages, les malfaçons, les accaparements, tous les abus, mais qui, dans l'ensemble, était pour l'Hôpital la source « d'une abondance de biens » fort enviée des gens de Conflans. Ceux-ci n'en trouvaient l'équivalent ni en étendue, ni en fertilité, ni en stabilité dans la plaine de l'Isère, plus vagabonde et plus « corrosive ».

Au total, « la position de ces deux endroits (l'Hôpital et Conflans) est fort belle, et l'aspect du pays environnant peut rivaliser avec les plus beaux sites du Piémont. On y voit réunis, dans un espace assez limité, des plaines, des collines, des montagnes cultivées et des pics couverts de neige. L'Arly et l'Isère coulent dans des vallées spacieuses, fort bien cultivées et qui présentent des beaux points de vue dont on peut jouir de la tour de Conflans [1] ».

V. — Les routes.

Le pittoresque et les ressources agricoles ne pouvaient être, pour le carrefour, qu'un appoint, d'ailleurs âprement disputé à

[1] Arch. Savoie (A. D.), FS., n° 890, 1814.

ses rivières. Ses avantages essentiels ne lui devaient venir que du mouvement des affaires qu'y faisaient affluer ses vallées et leurs routes. Le même rapport ajoutait avec plus de justice : « Conflans et surtout l'Hôpital se trouvent dans une position très favorable au commerce, puisqu'ils se trouvent, par leur position, le centre des communications entre le Faussigny, la vallée de Beaufort, la Tarentaise et la Maurienne. » L'énumération n'est pas complète. Il y manque la mention de la vallée principale, la Combe de Savoie, ouvrant la plaine de confluence sur le bas pays préalpin, sur la Maurienne et l'Italie par le col du Cenis, dès que celui-ci, vers le VIIIe siècle, eut supplanté le Petit-Saint-Bernard, trop distant de la plaine piémontaise en raison de l'interminable val d'Aoste. Il convient de constater pourtant que les routes de la Combe n'auront d'abord, pour le carrefour, qu'une importance secondaire. Elles faciliteront des relations purement administratives avec Chambéry, la capitale du duché; routes du sel et de la gabelle, elles serviront à son transport des salines de Moûtiers et Conflans vers les divers entrepôts de la basse Savoie. En retour, celle-ci, mais plus spécialement le vignoble de la Combe, lui confiera ses vins à destination des hautes vallées intérieures. Elles ne prendront toute leur importance qu'avec le service des diligences, dès le XVIIe siècle l'exode rural vers Paris, la sécurité que leur confère le diguement et la route de la digue en 1848, la voie ferrée de 1876 et le contact des affaires et des communications rapides de la ligne internationale Paris-Turin.

Il y manque aussi le Genevois et avec lui la route de Genève. L'accès du carrefour par le N. était facilité par la vallée de la cluse d'Annecy, Faverges et Ugine. Malheureusement, sa qualité de vallée morte, encombrée de verrous et de cônes de déjection, fait que ses eaux y sont mal drainées; le talweg est un chapelet de marécages, l'inondation chronique, les routes peu sûres. Le val de Faverges à Tamié offrait la ressource d'un succédané, en dépit de son col à 952 mètres. Les deux tracés sont complémentaires et alternativement utilisés dès l'époque gallo-romaine, en l'espèce de l'embranchement sur la Via Augusta Prœtoria (Aoste à Vienne), de Ad Publicanos (Albertville) à Genova par Casuaria et Bautae (Faverges et Annecy [1]). Ce dualisme de chemins était sans préjudice pour le commerce local, en vue duquel ils furent, au même titre que les autres branches du réseau routier, les routes du sel, du vin, du fer des Hurtières à l'usage du haut fourneau et des forges du couvent des Trappistes, du bétail, de tous les objets d'échange entre la montagne et la plaine. Ce n'est que tardivement, après 1815, que le tracé d'Ugine a définitivement supplanté le « maupas » de Tamié. Aujourd'hui Tamié ne connaît plus qu'un faible trafic, alimenté par les besoins de la fromagerie du couvent, de la vidange forestière et pastorale des « montagnes » en bordure, d'un modeste tourisme d'été; avant tout, une route stratégique à l'usage de son fort qui pointe ses batteries au droit du débouché de la Tarentaise.

Les autres routes de l'étoile n'étaient que des routes de débouché sur le carrefour et de commerce local, sel, vin, bois, bétail : le Faucigny, bassin de Sallanches et Chamonix, par Mégève et Ugine; le Genevois préalpin, par le col des Aravis, la Giettaz, Flumet. Elles drainaient plus complètement le trafic du bassin du Doron, tout le Beaufortin, dont Albertville était l'unique débouché. En effet, le Beaufortin est une impasse où se projette, à l'assaut du massif, la gerbe de ses hautes vallées très ramifiées du Doron d'Hauteluce, du Dorinet de Roselend et de l'Argentine d'Arèches. Elle est à peine ajourée, suivant une ligne circulaire, par ses hauts cols internes du Joly, du Bonhomme, des Chapieux, du Cormet d'Aime, de la Bâthie, tous supérieurs à 2000 mètres, sauf les deux extrêmes. La circulation y est très gênée, précaire, interdite tout l'hiver et n'aboutit qu'à de longs et tortueux défilements ouvrant sur la Tarentaise et le Haut-Faucigny qu'on a meilleur temps d'atteindre par la

---

[1] Abbé J. Burlet, La Savoie avant le Christianisme, Chambéry, 1901, in-8°, p. 203 et 339.

voie plus facile de l'Isère et de l'Arly, c'est-à-dire en passant par Albertville. En résumé, les routes du carrefour présentent, à son profit, un double caractère et un double avantage : elles sont un réseau à débouché commun pour toutes les vallées intérieures et pour le commerce local, de même qu'un point de passage pour le transit international entre le N.-W. et l'Italie. Il l'était pour le moins au même titre que l'artère rivale qui se détachait d'Aoste vers le Valais par le Grand-Saint-Bernard.

VI. — Le site.

Le carrefour et l'habitat. — Ces routes, à quel point précis se croisaient-elles? quel était exactement le site du carrefour? Il ne pouvait que se confondre avec le site de l'habitat, là où les conditions d'emplacement et de sécurité étaient seules susceptibles d'accueillir le commerce local, le transit, et d'autoriser convenablement les échanges et les transactions. Ce ne pouvait être que dans une agglomération assurée contre toute entrave et adaptée au rôle de cité marchande, passagère et hospitalière. A première vue, la plaine de confluence, essentiellement submersible et champ d'incursions des rivières, semblait se prêter bien mal à toute tentative d'installation humaine, spécialement le débouché de l'Isère et le confluent en instance perpétuelle de déplacement. Ses versants présentent une aussi médiocre adaptation. A Rhonne à l'ubac, comme aux Vignettes à l'endroit, ils s'élèvent en flancs d'auge, raides comme des murs où de minces replats en lambeaux n'ont pu accrocher que de méchants villages perchés. Le cône de l'Arly, peu séduisant, présentait cependant plus de garanties. Il suffisait de caler l'Arly contre le versant cristallin de la rive gauche et l'y maintenir à grands renforts de digues pour assurer la sécurité du cône d'alluvions et permettre à l'homme de s'y installer. D'autre part, pour le trafic de transit entre Genevois, Faucigny, Beaufort et la Mau-

Cliché R. B.

Fig. 1. — Conflans et son verrou, vus du Sud.

Cliché R. B.

Fig, 2. — Le verrou de Conflans, vu du Sud-Est.

Cliché R. B.

Fig. 3. — Confluent Isère-Arly, plaine de Conflans, vus du Sud.

Cliché R. B.

Fig. 4. — Albertville, vu de Palud.

Cliché R. B.

Fig. 5. — CONFLANS, LES ADOUBES, ROUTE DE BEAUFORT.

Cliché R. B.

Fig. 6. — VUE GÉNÉRALE D'ALBERTVILLE, du Nord-Ouest.

Cliché R. B.

Fig. 7. — Albertville, coteau de Pallud, crête des Bauges, vus de Conflans.

Cliché R. B.

Fig. 8. — Saint-Sigismond, Albertville, Conflans, les montagnes de Tarentaise.

rienne vers la Tarentaise[1], la traversée de la rivière s'imposait. Le pont y était une nécessité inéluctable et avec le pont le bourg hôtelier, tête de pont. Or ce pont ne pouvait pas enjamber l'Arly au hasard : non pas à l'orée du défilé où les débâcles torrentielles concentrées et massives l'auraient abattu à chaque coup; encore moins à la base du cône vers l'aval où les eaux mal encaissées sur une pente adoucie se laissaient plus difficilement maîtriser. Son emplacement était tout indiqué dans l'intervalle, mais plus près du sommet du cône que de sa base. Le pont, c'était le tourniquet obligé du commerce local et du transit, le point où l'homme était le mieux placé pour les accueillir.

Pour le bourg de pont, il semblait qu'on eût le choix entre les deux rives; mais la rive gauche, aux Adoubes, manquait de place, coincée entre le versant raide du verrou et la rivière qui y mord sur la roche en place, les quartzites et le cristallin. En face, la rive droite offrait un emplacement indéfini sur un sol alluvial, caillouteux, sec, presque plat et bien ouvert. Là semblait donc être le point de fixation de la ville. Mais il fallait de plus compter avec un autre genre d'insécurité que celle des eaux, les incursions de l'homme, les événements militaires. Or ils n'ont guère cessé pendant la longue période de troubles qui pèse lamentablement sur le pays du ve siècle au début du xviie. Les invasions barbares faisaient le vide dans la plaine. Le pont et les digues, faute d'entretien, s'écroulaient et l'Arly achevait d'abattre et de bouleverser ce que l'ennemi avait pu respecter. C'est ainsi que de cette double sécurité indispensable au bourg du carrefour, la sécurité contre l'Arly était subordonnée à l'autre. La rivière devait être moins hostile que l'homme; la défense contre les inondations n'eût été qu'un jeu si l'on avait été libre de toute autre inquiétude.

---

[1] Les relations entre Maurienne et Tarentaise n'ont été qu'à une date très récente possibles le long du versant d'ubac de la Combe, entre Aiton et Rhonne.

L'habitant chassé de la plaine devait fatalement se replier sur les hauteurs. Dès lors, le verrou de Conflans devait l'attirer; l'érosion glaciaire avait débité sa croupe en bosses moutonnées, belvédères aux temps calmes, observatoires naturellement dressés pour épier l'ennemi et sites de défense, dont le mieux protégé était sans conteste la bosse terminale très surbaissée, à 80 mètres seulement au-dessus de la plaine, et dont l'à-pic au droit du confluent, sous la terrasse de la tour, pouvait défier tous les assauts. Ces bosses étaient isolées par des encoches très accueillantes et qu'un mur de barrage pouvait facilement interdire à l'ennemi. Le choix des réfugiés dut se porter fatalement sur la plus basse, la plus voisine de l'à-pic terminal, celle qui conciliait le mieux les besoins de la défense avec le souci de ménager les rampes d'accès pour ne pas désobliger le trafic et rebuter marchands et clients par une escalade scabreuse et inutile en temps de paix. C'était un site de juste milieu, adapté à toutes fins, avec la possibilité d'étendre l'agglomération jusque sur la bosse voisine, à peine surélevée, et la facilité de l'enfermer dans une enceinte allongée suivant l'axe de l'encoche et s'ouvrant tout naturellement à ses deux extrémités. Ce sont les points prédestinés où s'ouvriront les deux portes-fortes de Tarentaise et de Savoie; leur système défensif à la fois réduit et imposant achevait de donner à Conflans le caractère d'un site féodal impeccable. Conflans, à la faveur de sa double sécurité contre les eaux et contre les hommes, devenait ainsi le foyer d'attraction exclusive et totale, tandis que le bourg de plaine menait une existence bien chétive en ses masures blotties au droit de son pont aussi précaire que lui, vivant moins du commerce que de la culture d'une plaine réduite en une poussière d'îles que rien ne protégeait plus contre l'Arly. Il demeura ainsi un parent pauvre et délaissé tant que dura l'hégémonie un peu artificielle de Conflans, tant que persista l'insécurité militaire. Cet obstacle disparu, l'Hôpital reprendra peu à peu conscience de ses avantages. La sécurité revenue, la plaine de l'Arly retrouve toutes ses séductions; l'homme, l'étranger surtout, y affluе; il relève les digues, reprend la lutte victorieuse contre la rivière, consolide son pont, aménage les routes d'accès, y fixe le carrefour définitif, accueille avec prévenance les trafiquants. Il aide les conditions naturelles du site à se ressaisir avec d'autant plus de succès qu'elles ne présentent pas, comme en face, l'inconvénient d'une rampe à escalader et « l'incommodité d'une position » qu'il y a facilité à tourner et toute utilité à abandonner.

En définitive, le site originel du carrefour, commandé par les conditions géographiques, est bien la tête de pont sur la rive droite de l'Arly. Le verrou n'est qu'un succédané, un pis-aller imposé par les temps difficiles et anormaux. Durant la longue et douloureuse éclipse de l'insécurité militaire, il fut un site d'attente, menacé dès que le retour de la sécurité et la remise en état de sa plaine par le diguement de l'Arly autorisent l'Hôpital à reprendre ses droits et faire valoir des avantages naturels qui n'auront été, somme toute, sous l'emprise de Conflans, qu'une nécessité temporaire et comme une usurpation.

DEUXIÈME PARTIE

CONFLANS

Les conditions historiques et économiques de son évolution.

Après l'avoir promené de Gilly à Conflans en passant par l'Aidier et Saint-Sigismond, l'archéologie [1] s'accorde à identifier Conflans, dans son sens large d'agglomération du carrefour, avec une station romaine de la route du Petit-Saint-Bernard. Il n'est pas jusqu'ici, pour en faire mention, de document plus ancien que l'*Itinéraire* d'Antonin, antérieur par conséquent au IIᵉ siècle après J.-C. Le nom de la station, *ad Publicanos,* alias *Dibialimon,* ou XIIIᵉ mille, dénomination plus anonyme et plus incertaine, dit bien sa fonction : un *portorium,* un poste douanier, une station du fisc romain et un péage, en même temps qu'une *mutatio,* un relai pour la poste; ce qui semble préciser son site et son caractère : une tête de pont et un bourg hôtelier sur l'Arly, limite du territoire des Ceutrons, la Tarentaise. Cette précision laisse cependant subsister des doutes sur l'emplacement exact du portorium; elle explique les incertitudes de l'archéologie romaine. Ses services pouvaient fort bien s'accommoder de l'étroite lanière des Adoubes sur la rive gauche ou de la plaine de la rive droite à l'autre extrémité du pont, et même de la ville haute de Conflans qui aurait très bien pu faire l'office d'oppi-

---

[1] Voir Burlet, *op. cit.*, p. 202-203, et Doc., p. 339-340; pour la discussion sur le site de Ad Publicanos et la Bibliographie, p. 202, note 3; pour les inscriptions romaines du carrefour : Doc.: Saint-Sigismond 356, Gilly 344, Allondaz 347. — Itinéraire d'Antonin (IIᵉ siècle) et Table de Peutinger pour la Via Augusta Prætoria in Alpe Graia, d'Aoste à Ad Publicanos et Vienne ou Strasbourg par le Petit-Saint-Bernard.

dum pour assurer le fonctionnement des services fiscaux et la sécurité du pont. Il se peut aussi que des événements historiques mal connus n'aient pas été sans influence sur le site du carrefour. Ils lui auraient imprimé une série de migrations dont Conflans, au XIe siècle, aurait été le terme, avant de se fixer définitivement dans la ville basse actuelle d'Albertville.

Les invasions barbares, dès le IIIe siècle, auraient fait revivre l'ancien oppidum de Conflans. C'est là, à l'abri de son site naturellement défensif, renforcé et mis en valeur, que se seraient repliés et enfermés gens de la plaine, des Adoubes et de l'Hôpital, chassés du fond et des flancs des vallées par l'envahisseur. Défendus par l'escarpement au droit du confluent et par la bosse, facile à garder, qui domine l'encoche de l'habitat, ils n'avaient à surveiller que les issues de l'encoche, des plus commodes à verrouiller. L'espace était mesuré : il fallut s'en accommoder; l'empilement humain y devint la règle et une nécessité.

Toutefois, cette période d'insécurité débute par une longue nuit à peu près vierge de tout souvenir précis sur la vie économique et l'état topographique du bourg perché. Le premier qu'il soit possible d'invoquer est un document de seconde main, le rappel qui en est fait dans une supplique « des syndic et conseil de la ville de Conflans » — le 8 mai 1817 — disant que, depuis un *temps immémorial*, leur ville était en possession d'un marché hebdomadaire qui se trouvait le samedi et de 5 foires annuelles. « Ce droit est fondé sur des titres aussi respectables qu'ils sont authentiques. Le plus ancien qu'ils aient pu conserver et qui en suppose d'autres antérieurs, date du 5 juillet 1074. C'est une pattente donnée par S. A. le duc Philibert de Savoye qui accordait à la ville de Conflans la tenüe des foires pour la dédommager des maux qu'elle avait soufferts. Une autre pattente donnée par le comte Amédé de Savoye, le 18 décembre 1381, confirmait le marché du samedi de chaque semaine et 3 foires annuelles avec leurs retours [1]. »

[1] Arch. Savoie, FS. Arch. communales (1056 à 1685), Albertville, I.

En cette même année 1381, une charte du comte Amédée VI fait mention des fortifications de Conflans, « *opus mœniorum inceptum* », pour l'achèvement desquelles il octroie à la ville certains droits de gabelle sur le passage et la vente de diverses marchandises. C'est un état précieux de la nature du trafic, tout alimentaire, et des objets du commerce local et transitaire de l'époque : froment, noyaux, pois, fèves et autres légumes ; seigle, millet, panis, chanvre ; avoine, noix, châtaignes, poires, pommes, vin, fromages, séracs, vacherins, etc. [1].

La même enceinte [2] restera debout, décorative autant qu'utile, jusqu'à la première annexion, en 1703, où sa démolition, contemporaine de celle des murs de Montmélian et de Chambéry, « désembastillera » Conflans et le rendra, un peu trop à la lettre, « Roc libre ». En 1705, cependant, le souci de la tenue de la ville et de la défense militaire avait poussé encore à « la struction des brèches des murailles » pour effacer les traces des injures de l'occupation étrangère, comme en 1720 les réparations des portes et murailles prétendaient la protéger contre la contagion de la peste de Marseille et de Provence [3].

En tout cas, au XVIIIe siècle, cette « ville forte » ne laisse plus aucune illusion sur son importance : elle ne dépasse pas les proportions plus que modestes d'une bicoque étriquée en ses murs, un village de route, un simple renflement d'habitations tassées et empilées sur le passage d'une artère routière d'où lui vient tout son commerce et la vie. Les maisons escaladent l'enceinte avec tendance à la déborder et à se suspendre sur les flancs de l'escarpement rocheux à la faveur de murs de soutè-

---

[1] Cf. G. Pérouse, Inventaire des Archives communales de la Savoie. Tome I (Conflans), p. 5-6 (Chambéry, 1915, in-4°). C'est à cette référence que se rapporteront les documents d'archives non autrement spécifiés dans le texte.

[2] En dépit du démantèlement partiel opéré par ordre de François Ier en 1536 et qui marque le début de la déchéance militaire de Conflans. — L'enceinte, écroulée en partie en 1474, avait été restaurée à grands renforts de leydes et gabelles, au point de détourner le trafic et de nuire aux marchés. (Arch. communales, AA. 1.)

[3] *Idem*, DD. 20, pièces 3 à 6.

nement qui y tiennent accrochés habitations et jardinets. Aux extrémités, deux portes : la porte Tarine vers la Tarentaise, la porte de Savoie qui donne accès sur le pont de l'Arly et l'Hôpital. Au centre, la rue unique se dilate en une place dite de la Petite-Roche, où l'espace est si mesuré qu'on a dû l'aménager en terrasse, nécessitant de fréquentes réparations « à la muraille qui soutient le terrain de la place publique dite la Roche [1] ». Du moins, pour faciliter la circulation et le trafic, l'administration locale témoigne d'un souci jaloux de la tenue de la ville. Le pavage de la rue est soigneusement renouvelé. « Il est défendu de laisser plus d'un jour dans les rues des tas de fiens, bois, pierres, charriots, charrettes et autres qui puissent empêcher le libre passage..., de laisser plus de 24 heures la neige dans les rues dès qu'elle est tombée et enlever la glace au-devant de leurs habitations respectives, à peine de 3 livres d'amende et d'être enlevée au compte des rénitents, après un demi-jour d'avertissement [2]. » Par mesure de salubrité publique, il sera jeté du poison pour détruire les cochons qu'on y laisserait encore courir. La police des incendies n'est pas moins sévère. En 1782, on requiert « contre les personnes qui font leurs lessives ou jettent des immondices dans les fontaines de la ville ou dans la petite source du cimetière », d'autant que « cette petite ville, située sur une éminence, ne se procure de l'eau qu'avec grands frais; elle n'a que 3 fontaines publiques, peu abondantes dans les temps de sécheresse et plus dispendieuses alors pour en ramasser toutes les branches ». Le fontainier est souvent invité à ne point négliger la surveillance des bourneaux pour ne point laisser tarir les fontaines.

Une horloge publique en 1765, un collège ajoutent encore au décor et au bon renom de la ville. Mais la place du Marché attire plus spécialement l'attention de l'administration. C'est le

---

[1] Invent. des Archives de Conflans. DD. 20, pièce 15, 1750.
[2] *Idem*, FF. 2, 1785.

centre du trafic, la halte obligée des attelages essoufflés qui ont gravi les rampes donnant accès au bourg; là que s'élèvent les halles où s'abritent les arches du sel de la gabelle et les « bancs de la bocherie ». Nul empiétement n'y est toléré et l'on épie l'abandon des boutiques en bordure pour les démolir et donner de l'air à la place.

Quel est le chiffre de la *population* entassée dans cette agglomération? Les consignes de la gabelle en 1764 (CC. 11) y dénombrent, pour la ville et sa banlieue rurale : 950 personnes, non compris les enfants au-dessous de 5 ans. En 1776, il y a 1.306 habitants. Le recensement de 1783 (HH. 5) y décompte 772 habitants pour la ville et les faubourgs, 36 Capucins et Bernardines, 53 habitants au village de Rhonne, 568 pour le mandement du Châtel, c'est-à-dire pour l'ensemble de la population rurale; en tout 1.429 habitants, sans compter les absents, émigrés, « gagne-denier à Paris » ou ailleurs.

De quoi vit-elle? De ses terres exclusivement pour la population rurale et une notable partie des francs bourgeois de la ville; les autres du trafic, du commerce local et transitaire, foires et marchés, des petits métiers, de la vie hôtelière, de l'industrie de la route dont Conflans est une station, « un gîte et une repue ».

Le cadastre général de 1728-38 fait la répartition suivante des *terres cultivables* de Conflans-le-Châtel : 241 hectares en champs, 80 en prés et pâturages, 74 en vignes, 419 en bois, 3,71 en jardins, 10 en vergers, 220 en broussailles, 63 en constructions ou terrain bâti. La plaine et le versant constituent le domaine nourricier, mais les cultures y sont très précaires : à la merci des crues et « corrosions des enflures de l'Isère » dans le bas, des morsures de la gelée dans le haut. En 1749 (HH. 5), « il n'y a qu'une petite plaine restant des menaces de la rivière d'Isère; le peu de froment qui y a été se trouve assez d'un bon produit;... le Châtel est presque en bonne partie en vignoble et très peu pour produit des blés;... le produit en seigle est très modique;... l'avoine assez d'un bon produit dans ce quartier, c'est-à-dire l'avoine qui s'est trouvée dans la basse colline,... mais celle qui s'est trouvée sur les hauteurs a été gelée ». La gelée du 21 avril 1772 a fort endommagé les vignes et causé « une disette d'argent par l'entrée considérable du vin de France qui fait sortir l'argent des Etats et cause un préjudice notable à la communauté, de même qu'à plusieurs autres dont la seule ressource pour faire de l'argent consiste dans la vente de leur vin, et les fonds les plus spécieux à la production des grains en bonne partie réduits en glières » (DD. 3).

Au total, la culture à Conflans ne dispose que d'une plaine d'inondation où la récolte demeure toujours hypothétique et la mise en valeur peu tentante. Le versant est trop « pentueux »; moutonné par l'érosion glaciaire et coupé de minces replats où la terre végétale, les céréales et le vignoble se fixent mal. En face, la forêt de Rhonne, dont le rendement est jalousement disputé entre l'affouage, la « fusté » à vendre pour couvrir les frais de différentes réparations, le charbonnage, le combustible à fournir aux « cuites des Royales Salines » et les arches à construire en manière de digues plus ou moins « provisionnelles » contre les menaces de l'Isère.

Du moins *le commerce* semble-t-il mieux assuré. « Cette ville, dit un document du milieu du XVIIIe siècle, placée sur le penchant d'une colline, au confluent de toutes les provinces de la Savoie, est, par son assiette, la plus favorable au commerce, et c'est ce commerce abondant qui seul peut la faire fleurir et subsister; les marchés qui y sont établis tous les samedis de l'année et les foires, l'une la veille du dimanche des Rameaux, l'autre le 1er mai et la dernière le 18 octobre, avec leurs foires de retour, rendent témoignage par le concours des commerçants qui s'y rendent de toutes parts, que c'est le lieu propre à entretenir le commerce mutuel non seulement entre les 6 provinces, mais encore entre celles-ci et les étrangers... C'est une ville murée qu'il y a intérêt à conserver; ses habitants, en grand nombre, subsistent par l'argent que les étrangers y apportent les jours de marchés et foires; si partie de cet argent reste à l'Hôpital, la plus grande partie des familles seront obligées de s'expatrier, n'ayant pas, comme celles de l'Hôpital en ont en abondance, des biens à travailler pour vivre... » (HH, 1, p. 3).

C'est à la population hôtelière que profite cette industrie des étrangers. Ce sont ses réclamations intéressées qui font reporter à 12 en 1775 le nombre des cabarets que l'on avait ramené à 6, nombre « trop petit et insuffisant... par le fait que les marchés, surtout dès environ la Toussaint jusqu'à Pâques, sont si fréquentés qu'ils ressemblent à des foires et que l'on peut, sans exagérer, y compter des samedis qu'il y a 12 à 15.0000 âmes par l'affluence des commerçants de toutes les provinces, qui, à cause de leur éloignement, sont obligés de venir la veille des marchés, et les 6 cabarets établis n'ayant pas assez de logements pour les retirer, beaucoup moins encore pour les chauffer et placer en hiver pour la dinée du samedi, il en résulte que ces étrangers ne logent point à Conflans, que le samedi une partie du monde déserte le marché de bonne heure pour se retirer dans le bourg de l'Hôpital et dans les hameaux circonvoisins, et que bien des vendeurs préfèrent de vendre en chemin leurs grains et autres denrées » (FF. 2, 1775).

Il faut croire que ces cabarets ne faisaient pas le bonheur de tout le monde et que les réductions opérées sur leur nombre étaient le fait de réclamations contradictoires. Les forains ne s'accommodaient pas toujours de la carte forcée. Vers 1750, « le Conseil de la paroisse de Queige supplie Mgr l'Archevêque (de Tarentaise) de vouloir parler à Messieurs de Conflans de la *banderolle* que l'on expose tous les matins à la place du Marché (pour y consigner vendeurs et clients), où on la laisse exposée pendant les 3 ou 4 heures, pendant que Chambéry ne la laisse exposée que pendant 2 heures, et à proportion des villes il y aurait bien assez d'une heure à Conflans, et ceux qui vont au marché s'en retourneraient sans être obligés de manger leur argent audit Conflans » (HH. 1). Il semble bien que la banderolle ne tint pas longtemps devant le mécontentement général. C'était un expédient bien mesquin qui ne résista pas à la désaffection croissante provoquée par la concurrence de l'Hôpital, de ses foires et marchés concédés en 1786. Il est vrai qu'à titre de compensation, Conflans obtint le maintien des siens et, pour retenir les étrangers, l'affranchissement de tous les droits de leyde, pesage et aunage (HH. 2) en 1789.

Ces étrangers lui venaient de toutes les vallées affluentes, plaine et montagne, et tout particulièrement de la Tarentaise dont, à vrai dire, Conflans était le débouché, le marché naturel, « étant ladite province de Tarentaise la meilleure, la plus abondante en grains et la plus essentielle colonne qui faisait et tenait l'abondance du blé audits marchés » (EE. 4, 1708).

Les *objets de commerce* ne sont pas sensiblement différents de ce qu'ils étaient en 1381. Le trafic porte sur toutes sortes de céréales, de légumes, sauf le maïs et la pomme de terre, en place desquels nous trouvons les pois et fèves; sur le vin, taxé chez les cabaretiers, en 1573, à 10 quartz le vin « claret », à 9 quartz le « vin noir ». Tous les genres de bétail y sont représentés. Les droits d'aunage portent sur « la toile et la toile-drap ou drap du pays », sans plus d'indication sur le lieu d'origine ou de fabrication. Même imprécision en 1456 (DD. 2) touchant les « cordaniers vendant des solliers,... les pottiers,... les vendantz tuppins ou oules de terre,... les peyroliers,... les marchands vendant draptz tant de France que d'aultre pays,... les vendantz d'huille d'olive,... rateaulx, fourches, etc... ».

Toutes ces ressources réunies n'accusent pas un état des affaires nécessairement brillant, mais plutôt un état de vie somnolent propre à toute agglomération de ce type mixte : agricole et commercial, auquel, du reste, il n'a jamais manqué un cortège d'indigents et de pauvres honteux, à qui on dut faire, en 1771, une distribution de 100 cartes de seigle (GG. 41). Le commerce ne profitait qu'aux cabaretiers et aux boutiquiers. D'ailleurs, de même que la culture, il se heurtera à de rudes entraves qui, périodiquement, le feront trébucher pour l'anémier tout à fait à la fin du XVIIIe siècle.

Le principal obstacle au développement de Conflans est d'ailleurs son voisin et jumeau, le bourg d'en bas, l'Hôpital. C'est lui qui attire et recueille les étrangers que Conflans a trop voulu accaparer, et cette lutte dure tout au long du XVIIIe siècle. Pour garder les marchés, Conflans multiplie les suppliques au roi et obtient d'abord gain de cause en 1775-1777 (HH. 1). Mais l'Hôpital a de puissants protecteurs qui forceront la main au gouvernement en 1786 et triompheront de toutes les oppositions (HH. 2). Dès lors, Conflans est vaincu, en dépit de toutes les compensations apparentes.

Le rôle militaire. — L'Hôpital, vainqueur, a le triomphe insolent; il poursuit son avantage jusque sur le terrain militaire. Il a obtenu une petite garnison à demeure, le 2e bataillon du régiment provincial de Maurienne. Il en profite pour faire faire dans les rues de Conflans des patrouilles « qui irritent tellement les esprits qu'il y a à craindre quelque rébellion » (EE. 2, 1787). Et lorsque Conflans obtient à son tour un détachement du régiment de Lombardie, l'Hôpital ne manque pas de l'intercepter au passage et de le garder.

D'ailleurs, les prétentions de Conflans à jouer à la ville forte ne lui avaient guère valu que des déboires, comme à Montmélian, mais avec beaucoup moins de lustre, puisque le seul siège en règle qu'elle ait subi est celui que dirigea Lesdiguières, du 25 au 28 août 1600, sous les yeux de Henri IV[1]. Son enceinte n'est guère qu'une gêne. On l'a vue s'écrouler en 1474, être démantelée en 1536 par François Ier; on la restaure au XVIIIe siècle par orgueil de clocher et pour y verrouiller plus aisément les étrangers, les jours de foires et marchés. A chaque guerre et invasion, elle est une cible aux coups de l'adversaire ou une

[1] Il sut remarquablement utiliser pour ce siège les encoches superposées du verrou de Conflans, par où il défila ses batteries « avec une diligence incroyable, inouïe en France », pour les installer sur la bosse qui domine la bourgade. C'est de là qu'il battit la forteresse, « contre l'attente des assiégés qui ne se fussent jamais doutés qu'on les eût pris par là ». (Mémoires de Bassompierre, collection Petitot, 2e série, t. XIX, p. 282.)

étape de repli à l'usage des troupes amies et ennemies qui, indifféremment, l'épuisent à coups de réquisitions et la mettent en coupe réglée. L'occupation française, contemporaine des guerres de la Ligue d'Augsbourg et de la Succession d'Espagne, lui impose l'entretien d'interminables passages de troupes : logement, fournitures, taxes pour ravitaillement en blé, pain, bois, chandelles, planches, fourrages, viande, bétail,... transports au magasin militaire de l' « étape ». En 1708, les opérations militaires et les travaux de retranchement dans la basse Tarentaise suspendent la circulation, l'arrivage des denrées aux marchés et l'affament littéralement.

L'occupation espagnole pendant la guerre de Succession d'Autriche (1742-49) ne fut pas plus douce, avec cette aggravation que la discipline n'était pas le fort de l'armée d'occupation : les gens de Conflans durent prêter main-forte contre les déserteurs. Cela ne les empêcha pas de subir de nombreuses dévastations, notamment en 1746, de la part du régiment de Bourbon-Cavalerie, dont « chaque jour la troupe saccage tant les clos que les grandes vignes, qui sont l'unique ressource qui reste pour pouvoir subsister, et s'y transportent en bandes tant le jour que la nuit, et y détruisent tant le bon que le mauvais, sans que les suppliants puissent leur dire la moindre chose, sans s'exposer à être maltraités! » (EE. 7). Au total, si Conflans n'eut pas plus à pâtir de l'occupation militaire que les autres communes de son étape, cette occupation compromettait gravement l'alimentation de ses marchés et les affaires de ceux qui en vivaient. Par contre, les habitués du dehors trouvaient souvent meilleur compte à vendre leurs produits aux troupes cantonnées chez eux. L'Hôpital fut sans doute du nombre des communes avantagées par les entraves que l'occupation militaire apportait à la vie commerciale de Conflans. Il est à remarquer que son ascension économique, ses prétentions à s'affranchir du joug et de la primauté de Conflans s'affirment dès l'occupation espagnole, tandis que le déclin de Conflans s'accusera sans cesse jusqu'à la déchéance, consommée en 1786 par la concession officielle faite à l'Hôpital de foires et marchés, simplement spontanés et rivaux jusqu'alors, pour prendre désormais le pas sur ceux de la « colline » et les éclipser tout à fait.

La descente de la route et le déclin. — Toutefois, il serait injuste de faire porter à l'occupation espagnole toute la responsabilité de ce déclin. Elle ne fut qu'une fâcheuse coïncidence qui a autorisé bien des méprises. Si les travaux de défense militaire ont claquemuré durement Conflans en l'isolant de ses fournisseurs et de ses clients, les Espagnols n'eurent garde toutefois de négliger ce site défensif et cet observatoire qui commande et fouille tout le carrefour et ses issues. D'autre part, leur propre ravitaillement et les déplacements de leurs troupes devaient les inciter à veiller tout particulièrement au bon entretien des routes. Or les rampes d'accès de Conflans, verglacées en hiver, pénibles en toute saison aux charrois militaires, les invitaient tout naturellement à se faufiler au travers de la plaine, sur des chemins de plain-pied, contournant la butte du verrou au lieu de l'escalader. Que l'on songe surtout que la route s'étranglait dans Conflans en une rue unique, étroite et tortueuse, au pavage chaoteux et incertain, comblée souvent par la neige tombée des toits et que de trop nombreux « rénitents » se refusaient à déblayer devant leurs maisons dans les délais prescrits.

Il faut ici convenir que les Espagnols n'eurent même pas cette initiative, car un « nouveau chemin sous Conflans » les avait précédés, de peu, il est vrai, mais effectivement. Un rapport du commis de la gabelle des sels de Tarentaise, H. Levret, fait allusion, en mai 1740, au nouveau chemin sous Conflans, qui était à deux tiers de sa perfection, et dont le but essentiel semble avoir été de favoriser le « commerce et voiture des sels ». De même un entrepreneur, après le départ des Espagnols, demande une modification des prix faits avant la guerre pour l'achèvement du chemin [1]. Ainsi une route était près d'être

[1] Arch. Savoie, O. 504.

achevée, dès 1740, pour contourner par le bas l'éperon incommode de Conflans [1].

Ce n'est pas à dire que le nouveau chemin ait supplanté de suite et automatiquement la route de Conflans. Vingt ans après et longtemps encore les deux routes seront complémentaires et l'ancienne continuera d'être utilisée en temps d'inondations ou de simple dégradation. Le 1er février 1760, le même rapporteur informe l'Intendant que « plusieurs bouviers qui voiturent les sels de Moûtiers sont venus lui représenter que le chemin Royal sous Conflans tendant de la tête du battiment de graduation de ces salines aux Adoubes, est impraticable pour les charriots et tout nouvellement celui desd. Adoubes à Conflans s'est aussi éboulez de fasson qu'à peine un cheval y peu passer » (*Ib.* C. 504). Ce qui revient à dire que dans l'intervalle, pour avoir été promue au rang de route royale, de route du sel, la « route de

---

[1] Il est bon de signaler que la basse route de Tarentaise évitant Conflans figure déjà très nettement sur la mappe cadastrale de 1728 (C. 2656). Mais, à l'examiner de près, il y a toute chance que son tracé soit apocryphe, qu'il ait été interpolé à une date postérieure impossible à préciser. Son pointillé plus indécis et la double ligne pleine qui l'encadre sont d'une encre plus fraîche et d'une main qui n'est sûrement pas celle du dessinateur de l'original. De plus, les tronçons parallèles à l'Arly et à l'Isère et qui aboutissent au pied des rampes d'accès de l'ancienne route passant par Conflans sont les seuls qui soient à peu près rectilignes et qui cheminent, en les coupant, sans se préoccuper des parcelles y aboutissant. Seul aussi leur raccordement, qui contourne précisément le pied de la butte, paraît avoir préexisté à la mappe. Il respecte toutes les parcelles cadastrales; il est leur ligne commune d'aboutissement et de partage. Il est donc vraisemblablement un ancien chemin d'exploitation, nettement délimité par les deux sentiers qui descendent parallèlement à l'E. et à l'W. de Conflans; une artère rurale où viennent s'embrancher deux importantes charrières ou chemins d'exploitation agricole à l'usage de la plaine de Conflans. Au surplus, cette mappe est une des rares qui soient sans copie. Elle fut donc probablement, jusqu'à la Révolution, le seul document à consulter dans tous les procès et contestations touchant l'origine et les limites de la propriété parcellaire. On dut fatalement y figurer après coup et en son temps le tracé de la nouvelle route. Cette critique, qui concorde avec les observations de M. G. Pérouse, était nécessaire pour n'infirmer en rien la responsabilité des Salines de Moûtiers et Conflans dans la descente de la route et ses conséquences. D'ailleurs, toutes les doléances de Conflans, au sujet du marasme des affaires, sont de la seconde moitié du XVIIIe siècle; elles accusent la rivalité de l'Hôpital et la descente de la route comme un événement récent.

Tarentaise » avait décidément pris le pas sur celle qui ne sera plus qu'un chemin vicinal, « le chemin de Conflans ».

Cette consécration comme cette déchéance sont contemporaines de la construction des Royales Salines dans la plaine de Conflans, à proximité du confluent, de 1750 à 1753. Et ainsi, il apparaît sans conteste que ce sont bien les salines de Moûtiers d'abord, de Conflans ensuite et, par voie de conséquence, la *voiture* (transport) du sel de Tarentaise vers les divers entrepôts du duché qui sont responsables de la descente de la route de Conflans dans sa plaine, immédiatement avant et après l'occupation espagnole de 1742-49. Celle-ci n'a su qu'en utiliser un premier tracé pour le saboter à son départ tout comme elle avait fait pour les salines de Moûtiers dont elle avait arrêté le fonctionnement et intercepté le trafic.

Les Royales Salines de Conflans. — La voiture du sel intéressait Conflans bien avant qu'il eût ses salines, dès l'installation de celles de Moûtiers, car il était le passage obligé de tout le sel écoulé dans les provinces savoyardes autres que la Tarentaise, jusqu'en Suisse. Déjà, en 1735, les banquiers genevois Labatto obtiennent l'entreprise d'y transporter 6.000 quintaux de sel pris à l'entrepôt de l'Hôpital[1]. C'est de 1732 que datait la mise en exploitation, à Moûtiers, des eaux salées, issues du Trias de Salins; le gouvernement savoyard y voyait l'avantage de pouvoir ainsi se soustraire, pour son approvisionnement en sel, à la politique française; il se faisait même fort d'exporter en Suisse. Mais dix années de « cuittes » à Moûtiers avaient si complètement épuisé les forêts tarines qu'il fallut chercher un autre centre de fabrication. C'est alors qu'on pensa à Conflans, entouré de belles forêts, plus central et mieux à portée des consommateurs. Décidée après l'occupation espagnole, la préparation du sel commença sous Conflans en 1753[2].

---

[1] Arch. Savoie, C. 1142.

[2] Document capital sur les salines de Moûtiers et de Conflans, un registre de plus de 100 pages signé Angiono. Arch. Savoie, C. 1124.

La grosse affaire était d'amener l'eau salée de Moûtiers à Conflans. On la résolut sous l'espèce d'une conduite, vraie pipeline de 27 kilomètres, « le *canal de l'eau salée* », qu'on oppose soigneusement dans les archives au canal de l'eau douce de la prise d'eau motrice à l'Arly, qui est l'actuel canal de la Fonderie. Il fut fait en 1753 avec des tuyaux ou « borneaux de briques » coulés dans une gaîne de mortier, couchés et recouverts de terre dans le fond d'un fossé, avec « bouches d'air couvertes d'une pierre platte » et, de loin en loin, quelques bassins de récurage fermant à clef; sans préjudice pour les trois *purgatoires* de Saint-Eusèbe-de-Cœur, La Bâthie et Conflans. C'étaient des bassins de décantage destinés à dépouiller l'eau de sa « crasse blanche » qui tapissait et obstruait très vite le canal, de toutes les infiltrations boueuses recueillies par les joints descellés des borneaux. Il est vrai qu'il s'en échappait des contre-infiltrations salées, des fuites vite révélées par leurs méfaits sur la végétation, fatales même aux arbres, cultures et vergers des abords (C. 1133). Dès 1754, le débit étant venu à baisser considérablement, il fallut découvrir et ouvrir le canal. Il était littéralement *encrassé* en amont de La Bâthie. On remplaça la brique par le bois de sapin; ce fut un supplément de dépense de 4.000 « plantes » de sapin en 1755 et de 30.000 livres. Ce ne fut pas encore la sécurité pour le pipe-line; il fallut le protéger contre les corrosions chaque fois qu'il voisinait avec le talweg de l'Isère, notamment dès La Bâthie, en aval : l'actuelle grande digue de Tours, jusqu'au confluent, lui doit son origine.

La production du sel, effectuée dans les vastes bâtiments construits près du confluent de l'Isère et de l'Arly, et qui avaient coûté 700.000 livres, fut éminemment variable et précaire, suspendue qu'elle était au fonctionnement de la conduite. La production maxima, restée inférieure à celle de Moûtiers, n'a probablement pas dépassé 20.000 quintaux de sel par an. Les arrêts et chômages furent fréquents. Dès 1774, les salines étaient cédées à un concessionnaire, qui se trouvait trois ans après en pleine déconfiture. Revenues au régime de la régie d'Etat, elles poursuivirent leur fonctionnement trébuchant jusqu'en 1793; lors de la retraite des Français devant le retour offensif des troupes sardes, la conduite fut mise hors d'usage et les salines en moururent. Elles ne se réveillèrent qu'en 1805 pour devenir une Fonderie impériale traitant au bois ou à l'anthracite les minerais de Tarentaise.

L'influence exercée par la création des salines de Conflans ne fut pas négligeable. Le personnel occupé était nombreux : plus de 120 ouvriers travaillèrent à la construction; celle-ci terminée, le personnel fixe semble avoir été d'une trentaine d'hommes. En plus, il faut compter les bûcherons occupés à fournir le bois dont les salines faisaient une énorme consommation; parmi eux, « il vient tous les ans des Allemands et principalement du côté du Tirol ». La forêt de Rhonne y passa tout entière en quatre ans (1754-1758), et il fallut s'approvisionner dans le Beaufortin, le Genevois et le Faucigny, dont les bois furent expédiés par flottage sur l'Arly. Mais le grand intérêt fut le développement du trafic. L'entrepôt général du sel, installé à l'Hôpital, devint comme la gare régulatrice qui distribuait le précieux produit vers les entrepôts secondaires du duché et la Suisse. L'état mensuel des sels expédiés par les salines à l'entrepôt d'Ugine pour 1778, année normale, accuse 8.072 balles, soit environ 5.125 quintaux métriques [1]; cela suppose ainsi 807 chargements à bœufs par la seule route d'Ugine. Le transport mensuel est d'ailleurs loin d'être uniforme. Il dépend des besoins de la consommation, de l'époque où se font les provisions, du temps des travaux agricoles et surtout de l'état des routes, élément vital de la voiture des sels. Ainsi s'expliquent les soins attentifs qu'on accorde au pont de l'Arly à l'Hôpital, passage obligé des chargements et véritablement *pont du sel*. On n'épargnait rien pour le défendre contre tous dommages. Pour éviter d'en laisser battre les pilots par les bois flottés, on l'avait doublé,

---

[1] Arch. Savoie, C. 1320.

un peu en amont, d'un pilotage protecteur, le râteau où s'arrêtaient les bois et devait théoriquement s'accrocher la débâcle flottante des inondations. Que si, par malheur, la crue l'avait ébranlé, et comme il intéressait au plus haut point la voiture des sels, les réparations s'y faisaient d'urgence avec l'aide de la main-d'œuvre et des « engins appartenant aux salines », en particulier leur « mouton de gueuse » servant à enfoncer les pilots et que l'inondation du 16 mars 1786, « par une fonte subite des neiges », avait failli emporter[1].

Mais tout ce mouvement, au lieu de profiter à Conflans, ne lui valait que déceptions et diminutions. Il y perdit sa route et fut réduit au rôle de cul-de-sac; il y perdra bientôt ses marchés qui tendront à se déplacer au delà du pont avec le « nouveau chemin ». Il ne paraît même pas avoir bénéficié de l'afflux de la main-d'œuvre étrangère des salines, car les archives (C. 1186) ne mentionnent qu'une fois la présence « d'ouvriers des salines vivant à Conflans ». Par contre, vers la même époque (1783), l'Hôpital « attire chaque jour des familles étrangères qui viennent s'y enrichir par le commerce » de la voiture du sel, de tous les genres de trafic et de tous les petits métiers, l'hôtellerie, la charronnerie, qui en sont nés, à l'usage des bouviers et muletiers de la bienfaisante voiture, si bien qu' « il n'y a pas 10 familles sur 98 dont les chefs ne soient marchands, aubergistes ou artisans ».

Conflans eut aussitôt le sentiment de cette déchéance. Dans une supplique au roi, il démontre que « déjà il a perdu beaucoup et à son détriment l'Hôpital a beaucoup gagné par le changement des chemins publics tendant en Tarentaise, qui ci-devant étaient placés dans la ville et aujourd'hui sont en dessous d'elle » (1777). Vains efforts. La route avait fait Conflans, ses marchés, ses foires, sa petite industrie; son déplacement provoquait forcément le déclin. L'annexion de 1793 aggravait encore

---

[1] Arch. Savoie, C. 1235.

la situation : « Roc-Libre » y perdait son enceinte et le personnel de son ancienne administration provinciale. Sous la Restauration sarde, le traitement des minerais dans la fonderie d'en bas n'occupa jamais plus de 25 ouvriers. Depuis 1835, Conflans n'est plus qu'une dépendance de l'Hôpital, auquel il est joint sous le nom commun d'Albertville, et c'est de son ancien rival même que lui viennent aujourd'hui quelques avantages, deux compagnies de chasseurs de la garnison d'Albertville pour utiliser l'ancien château, et aujourd'hui une partie de la population ouvrière travaillant pour Ugine, Venthon ou Albertville même et qui ne peut trouver les logements nécessaires dans la ville de la plaine.

La population de Conflans n'a pas cessé de décroître depuis un siècle. Le bourg lui-même avait 808 habitants en 1783; en 1872, il est descendu à 470, et en 1911 à 424. La banlieue rurale, de 621 en 1783, est passée peu à peu à 394. Au contraire, la « plaine de Conflans », dont la population est éparpillée au bas du promontoire entre la route de Tarentaise, l'Isère et l'Arly, s'est accrue de 152 en 1872 à 294 en 1911, et cette augmentation ne souligne que mieux la déchéance du bourg de la hauteur; c'est en bas qu'est le développement, en fonction non plus de Conflans, mais d'Albertville [1]. Conflans n'est plus qu'un bourg agricole, dont la population est en grande partie rurale, avec quelques boutiquiers et artisans. C'est aussi, dans la nouvelle agglomération d'Albertville, le quartier du pittoresque et de l'archéologie, avec ses boutiques à devanture de style, ses vieilles maisons, ses ruelles couvertes, ses châteaux, son église et surtout son merveilleux belvédère de la Terrasse de la Roche, d'où la vue s'étend sur la Basse-Tarentaise, la Combe de Savoie et leur cadre somptueux de montagnes. Il est ainsi la curiosité qu'on montre aux touristes comme une relique du passé.

---

[1] En 1921, les chiffres du bourg, de la banlieue rurale et de la plaine de Conflans sont respectivement de 373, 309 et 344 habitants.

TROISIÈME PARTIE

L'HOPITAL

Au pied de la forteresse de Conflans, l'Hôpital est tout naturellement la ville de l'Arly, comme Conflans servait plus spécialement de débouché à la Tarentaise, les Adoubes à la vallée du Doron de Beaufort. La croisée des chemins ne pouvait, dans les temps calmes, s'accommoder indéfiniment de ce dualisme, voire même de ce trialisme, de cette dispersion des éléments hospitaliers indispensables au trafic. Conflans devait fatalement, un jour, apparaître malaisé « vu l'incommodité de sa position » ; tandis que les Adoubes étaient mal exposés et manquaient de place parce qu'étranglés entre la colline et une rivière aux « enflures » hostiles. Restait l'Hôpital, tout près de la tête du cône de déjections de l'Arly, dans une plaine alluviale et submersible, dos d'âne de remblaiement fait de « pierres et grosses glières », avec juste assez de pente pour tenir en respect l'Arly refoulé par des digues et se prêter au trafic, ami des routes planes. Ce trafic, il importait de l'acheminer vers le pont de l'Arly qu'en aucune façon il ne pouvait éviter, au point où la rivière, dégorgée de son défilé, se laisse encore canaliser et facilement enjamber. C'est là que se fixera l'étoile du carrefour, la plaque tournante des communications, avec tous les attributs de sa vocation marchande et hôtelière, la station, le « gîte et la repue ».

Le site n'allait pourtant pas sans obstacles. L'histoire de l'Hôpital n'est que celle de sa lutte interminable contre les divagations et corrosions de l'Arly jusqu'au diguement général de 1820-1841. Le danger était connu, la menace périodique comme le rythme des crues. Le bourg, averti, faisait bonne garde. Seuls les coups de paroxysme ou des accidents imprévisibles comme l'embâcle du pont par une véritable lave torrentielle (telle que celle du 20 décembre 1740) pouvaient le surprendre[1]. C'était encore cet emplacement le moins mauvais; tassé, près de la berge de droite, sur le dos de la nappe alluviale, le bourg trouvait là le point le moins exposé aux morsures des inondations. Plus bas, la plaine, enfermée entre les replats de Saint-Sigismond et le cône du Chiriac, n'était qu'un réceptacle des eaux de crues où il ne pouvait se risquer. Du moins il y trouvait la réplique de la plaine de Conflans, un « fonds des plus spécieux pour la production du grain », une terre où l'Hôpital a « des biens en abondance » et qui excitent l'envie, quantité de verneys et des communaux cultifs ou pâturables, indivis avec les gens de Saint-Sigismond. Et quand viendra la grande prospérité du XIXe siècle, c'est cette plaine qui permettra à Albertville de s'étendre, de glisser progressivement vers l'aval, de se souder à la gare et à Saint-Sigismond; là qu'elle trouvera les terrains plats, secs et pas chers, avidement recherchés par les grandes installations qui font la vie et la prospérité des cités modernes. Son site lui aura procuré toutes les possibilités d'une évolution en marche et dont les étapes se retrouvent dans celle de la plupart des villes alpines. Ainsi Chambéry se ramassera d'abord en boule et tournera le dos de ses remparts moins contre les invasions françaises que contre les assauts de la Leysse, jusqu'au jour où le torrent étant à peu près muselé par la Grande Muraille de 1551 et les travaux complémentaires qui suivirent, elle fut libérée du corset de son enceinte en 1793, très heureuse de pouvoir prendre son essor et vivre au large dans les glières, les délaissés, le « verney » de la plaine de confluence de l'Albane, l'Hyères et la Leysse. Grenoble, dans des conditions plus grandioses, s'est décollé de sa tête de pont pour pousser sur le cône du Drac les énormes tentacules du quartier de la gare et

---

[1] Arch. de l'Hôpital, DD. 3. Inventaire par M. G. Pérouse, p. 53.

du cours Berriat. De même Annecy a hâte de s'échapper de son château et de ses bas canaux pour aller s'égailler le long du Thiou et au travers du cône du Fier, dans la plaine des Fins[1].

Ce sont là autant d'espoirs que sa topographie devait rigoureusement interdire à Conflans, comme à tous les bourgs perchés. L'illusion de sa supériorité sur l'Hôpital devait se faire tenace et robuste tant que dura l'ère des invasions et de l'insécurité, en un mot tant que son enceinte parut une nécessité. Mais les inondations, la plaine submersible furent pour l'Hôpital une gêne purement accidentelle, jamais une entrave, et ses habitants ont toujours eu le sentiment très vif que leur « bourg est heureusement situé », capable de « s'augmenter de jour en jour » (BB. 2, 87), que « sa situation est si avantageuse qu'elle le rend susceptible d'un grand commerce » (BB. 2, 117).

I. — La naissance du bourg.

Malgré tous ces avantages naturels, le grand commerce a mis bien longtemps à venir et à faire d'Albertville autre chose qu'un simple village, une modeste agglomération rurale, de caractère mixte, à la fois agricole et commerciale.

A l'époque gallo-romaine, elle dispute à Conflans, Saint-Sigismond et peut-être à Gilly, la station fiscale, le portorium de « *Ad Publicanos* ». Celui-ci, vraisemblablement, aurait pu s'accommoder du site des Adoubes, territoire des Ceutrons, donc sur la rive gauche de l'Arly, sans préjudice pour la tête de pont sur la rive opposée; sans plus de préjudice encore pour le « portorium » certain de l'Aydier (Gilly) sur le pont du Chiriac, à la naissance de son cône de déjections; un autre site de pont et village de col, au pied de l'escalade de Tamié. Ce sont là de

[1] Pour Grenoble et Annecy, voir les études de M. Raoul Blanchard, Grenoble, 1911, in-8°, Armand Colin; Annecy, in *Rec. Trav. I. G. A.*, V, 1917. — Pour Chambéry, cf. Mougin, Les Torrents de la Savoie, p. 650 et suiv.

simples conjectures. Avouons de même que l'occupation burgonde n'a rien laissé de plus, sauf peut-être le nom de Saint-Sigismond donné au vicus voisin. Il est probable que la période de guerre et d'insécurité qui va du ve au xe siècle a fait le désert dans la plaine et suspendu tout le transit. Le pont de l'Arly lui-même, devenu sans utilité, n'aurait pas survécu. Toute la vie aurait reflué sur les hauteurs, sur les gradins, les replats, dans les hautes vallées intérieures, assez bien défendues par le relief ou leurs défilés. L'Hôpital et les Adoubes se seraient repliés sur le promontoire de Conflans, ne laissant, en place des villages rasés par l'invasion, qu'un amas de granges précaires ou d'installations rudimentaires et volantes pour y serrer la récolte de la plaine; tout au plus des habitations temporaires à l'usage des travailleurs qu'aurait incommodés la double traversée quotidienne de l'Arly.

Enfin la sécurité réapparut sous le couvert de la féodalité et d'une nouvelle forme de la recommandation garantie par les maîtres des manoirs perchés. La plaine en friche attira les convoitises de la mise en valeur. Les gens s'y risquèrent de nouveau; une agglomération rurale dut se reconstituer sur la rive droite de l'Arly, sous la mouvance des seigneurs du Châtel de Conflans, les comtes de la Val-d'Isère. Ces derniers, dans un but fiscal, ne tardèrent pas à relever le pont, source de profits prélevés sur le transit étranger et les cultures de la plaine assurées par leurs sujets.

Puis vint le goût des pèlerinages à Rome et en Terre-Sainte, mis en vogue dès les équipées transalpines des Pré-Carolingiens. On fut longtemps avant de désapprendre l'itinéraire de l'ancienne voie romaine d'Aoste à Vienne par le Petit-Saint-Bernard, délaissée peu à peu (dès le viiie siècle) pour la route de la Maurienne et du Mont Cenis [1]. Vers cette époque, Aigue-

[1] Max Bruchet, in *La Savoie d'après les anciens voyageurs*, Annecy, 1908, p. 5.

belle semble avoir éclipsé le groupe l'Hôpital-Conflans, comme tête de défilé pour les relations transalpines. Ce dernier n'en gardait pas moins une certaine importance comme centre routier et commercial. De plus, pendant longtemps il garda le contact avec le mouvement des pèlerins. C'est ce qui lui valut d'arrêter l'attention des Chevaliers de Saint-Jean-de-Jérusalem, de la Commanderie de Chambéry. Ils multiplièrent, en tous les passages difficiles, les *maupas* et les *malvies*, à l'usage de leurs protégés, les stations, refuges, oratoires, hôpitaux, maladreries ou maladières, sous le vocable des saints voyageurs ou amis des pèlerins (saint Jacques, saint Christophe, etc.) qui avaient détrôné les Mercures gallo-romains. Ces maladières-oratoires se trouvaient égrenées en chapelet tout au long des vallées alpestres. La toponymie moderne a conservé, en particulier, celles de Montmélian, la Croix-d'Aiguebelle, Aiton, le Gros-Chêne, Fréterive et Conflans. Le nom de l'Hôpital n'a pas d'autre origine, en souvenir de l'institution ou de ses fondateurs, car les anciens textes disent indifféremment : l'Hospital ou les Hospitallies, « l'Hospital-dessoubz-Conflens, membre despendant de la Commanderie de Chambéry [1] ».

Pour avoir des précisions sur la vie et l'état de l'Hôpital, il faut attendre le procès-verbal de la visite des commissaires de l'ordre de Malte en 1641 (*id.*, p. 63). Il est probable qu'à la faveur de la sécurité revenue, il fut de bonne heure le petit bourg rural et hospitalier qu'il est demeuré jusqu'à la seconde moitié du XVIIIe siècle. Lorsque, vers 1784-86, son Conseil se heurtera aux prétentions de Conflans lui interdisant toute concurrence, il se fera fort d'invoquer « les *anciens titres,* d'où il résulterait que les marchés se sont toujours tenus les mêmes jours, à l'Hôpital et à Conflans » (BB. 2, 108). Ces anciens titres pourraient bien être les lettres de franchise qu'au temps du mouvement communal les chevaliers de l'ordre, ses parrains et puissants pro-

---

[1] Invent. des Archives de l'Hôpital, Documents, p. 65, et Introd., p. 3.

lecteurs, auraient obtenues, pour l'Hôpital, des comtes de Savoie, et qui, favorisant son essor avec le trafic, auraient consacré de bonne heure son caractère commercial. Toutefois ces franchises, en fait, n'ont pas dû être très opérantes en face des énormes privilèges concédés à Conflans en 1381, dans le but de l'aider à achever l'édification de son enceinte et comportant des droits de gabelle sur le passage et la vente de toutes sortes de marchandises. Tous les prétextes étaient bons pour en demander le renouvellement ou la prolongation. Conflans était pris parfois à son propre piège, car les marchands, rebutés par l'élévation de ces droits, désertaient ses foires et marchés et les réclamations, pas toujours accueillies, pleuvaient « des lieux circonvoisins » — dont l'Hôpital, — prétendant que leurs propres privilèges les dispensaient de payer lesdits droits de gabelle (1475, AA. 1, 2, 3, 4 et 5). C'est la preuve implicite des franchises, foires et marchés francs accordés antérieurement à l'Hôpital; la preuve aussi de l'hégémonie économique reconnue officiellement à la ville forte.

Fort heureusement, cette infériorité ne semble pas avoir nui autrement à l'état des affaires, au bien-être du moins de la population rurale. Le rapport des commissaires de l'ordre de Malte en 1641 (Arch., Doc. p. 65), dans l'énumération des « esglises et chapelles, maisons, domaines, etc., du membre de l'Hospital », mentionne un certain nombre de lieux dits, avec leur affectation culturale : « une vigne située devant l'esglise, de la contenance de 20 sétérées, une autre de 30 journées d'homme au vignoble de Pertuis, sur le coteau de la rive droite; un pré de 4 journaux au Clos; un verney en prés et broussailles à la Contamine, près du confluent, etc. ». Le même rapport, très optimiste, il est vrai, souligne avec satisfaction l'état de bon entretien de l'église, un indice du degré d'aisance de la paroisse. Elle est « couverte de boys et au-dessus du dict bois moitié paille et moitié ardoise, le tout en fort bon estat, voultée, avec un clocher faict en tour carrée auquel il y a 2 cloches ». Au total « une esglise très bien accommodée, les parroissiens y faisans des grands bienfaits ».

Tous ces indices d'un bien-être incontestable ne prouvent pas nécessairement en faveur de l'importance de l'Hôpital au XVIIe siècle. Les franchises de ses « anciens titres » semblent être périmées, éclipsées par la concurrence de Conflans. En 1699, il n'est encore qu'un village, une modeste dépendance de la ville forte, administrée par un mestral, délégué de son châtelain. Le marquis de Conflans reconnaît tenir en fief noble de Ch.-Emmanuel.... « la mestralie du village de l'Hôpital et le ban du vin qui s'y vend au mois d'août, et plusieurs autres droits de barralage, leyde et champerie, de langues, garde des vignes... » (Invent. Doc., p. 57).

Et si l'on compare l'état et le mouvement de la population (Invent. Doc., p. 59 et 65) aux XVIIe et XVIIIe siècles, l'Hôpital, sauf la brusque poussée de 1780 à 1790, fera bien pâle figure et la statistique ne fera que confirmer sa qualité de simple village qu'il était en 1699. Les recensements grossièrement décennaux de la période de 1642 à 1780 accusent, pour Conflans, une moyenne de 54 *naissances,* oscillant entre les extrêmes de 40 et 79, et le chiffre se maintient à 54 en 1790; à l'Hôpital, les résultats entre 1632 et 1780 donnent la moyenne de 11 (entre 5 et 14), mais 28 en 1790. Les mariages à Conflans fournissent une moyenne de 11 (entre 4 et 20) et 14 en 1790; à l'Hôpital de 2,7 (entre 1 et 7) et 3 en 1790. Les décès donnent 33 à Conflans (entre 8 et 60), 43 en 1790, contre 8 à l'Hôpital (entre 0 et 17), mais 21 en 1790. En 1783, Conflans a une population globale de 1.429 habitants; l'Hôpital, de 253 en 1756, de 365 en 1776, est passé à 510 en 1793. C'est modeste, mais la progression marquée de la fin du XVIIIe siècle et le relèvement brusque de 1793 sont très significatifs : il double, en moins de 40 ans, le chiffre de 1756. C'est le prélude de l'ascension rapide du XIXe siècle. Le dénombrement du bétail accuse une marche parallèle de 1756 à 1776 : le nombre des bœufs, veaux et génisses passe de 6 à 32; les vaches, de 57 à 75; les brebis, moutons et chèvres, de 58 à 158; les cochons et grosses bêtes à saler, de 22 à 42. Les cabarets et boulangers passant de 16 à 14, avec un fléchissement insignifiant, sont un indice très révélateur, si on les rapproche des 6, 15, 12 de Conflans vers les mêmes dates.

Cette statistique permet de constater que le bourg de l'Hôpital est resté stationnaire jusque vers le milieu du XVIIIe siècle. Jusqu'à l'occupation espagnole, l'époque précisément où la descente de la route de Conflans lui valut sa vocation commerciale, il est un village agricole. Même après cette date, comme il faut s'y attendre, l'évolution des genres de vie ne se fit pas subite et, jusque fort tard après la Révolution, l'exploitation agricole fut la ressource dominante, tout au moins un appoint fort appréciable. En 1750 (Conflans, HH. 1, 3), « les familles de l'Hôpital ont en abondance des biens à travailler pour vivre ». Et cette abondance est telle que, vers 1770, on peut aliéner 100 journaux sur l'étendue des communaux indivis avec Saint-Sigismond qui, bien entendu, réclame sa part (BB. 1, 28). Tout cela, en dépit des méfaits de l'Arly dans la « plaine où cette rivière a dévasté jadis plus de 200 journaux des plus beaux fonds » ; un malheur qu'il importe de conjurer à l'avenir en prolongeant vers l'aval la digue de protection du bourg « pour garantir aussi quantité de taillis de vernes très utiles à la commune » (BB. 1, 23). En 1780, « l'établissement d'une pompe est d'autant plus nécessaire pour lutter contre les incendies que les 80 maisons du bourg sont presque toutes couvertes en paille, que la plupart des habitants y engrangent du foin et que les autres sont des étrangers qui, en cas de sinistre, n'ont pas d'autre souci que de sauver leurs personnes » (BB. 2, 63).

Cependant, dès 1783, la culture semble tomber en défaveur, les communaux en particulier sont délaissés. On procède à « l'accensement des prés communaux qu'il sera plus avantageux d'affermer à un cultivateur qui les défrichera, au lieu de continuer à vendre annuellement la récolte en foin, qui diminue constamment faute de culture » (BB. 2, 89). Le commerce a créé d'autres ressources : « le bourg, heureusement situé, s'augmente de jour en jour ». En 1785, « des 98 familles dont le bourg de l'Hôpital est composé, il n'y a pas 10 dont les chefs ne soient marchands, aubergistes ou artisans, la terre appartenant presque toute aux nobles, bourgeois et forains » (BB. 2, 108) ; ce qui, à vrai dire, ne les empêchait pas de chercher dans la culture en fermage une ressource d'appoint et, dans les communaux notamment, la provision de foin pour leur bétail, puisqu' « il est bien peu qui n'engrangent du foin ».

Cette vie agricole n'est pas absolument libre d'entraves. Ce sont les droits féodaux ; ce sont les intempéries. Ce sont spécialement les inondations, en particulier celle de la Toussaint 1765, où l'Arly, après avoir bousculé ses digues et le pont, s'installa dans les rues mêmes de l'Hôpital et de Saint-Sigismond. Ce désastre marque le début d'une série de travaux de défense et de correction, rationnels et efficaces, qui s'échelonnèrent de 1759 au diguement général, vers 1848. La plaine y trouva sa sécurité ; seul le méchant pont en bois et à culées trop rapprochées, formant demi-barrage, eut à souffrir, cédant tout ou partie aux énormes pulsations de la rivière, comme en 1778, 1813, 1820, 1859, 1860. A chaque avatar, c'est ce pont et quelques lambeaux des digues et de leurs routes qui payèrent pour la plaine et pour la ville. Effectivement, elle vécut en paix désormais. Elle ne sera plus un village amphibie. Libre des menaces de l'Arly, elle pourra prendre son essor. Et il n'est pas sans intérêt de remarquer que la date de cette période de sécurité naissante coïncide heureusement avec l'afflux échelonné des avantages économiques puis administratifs, qui l'armeront dans sa lutte victorieuse contre Conflans et la soutiendront dans sa fructueuse évolution.

A côté de ces dévastations périodiques, dont cependant le « village » de l'Hôpital s'accommodait en attendant les moyens de les enrayer tout à fait, les méfaits de l'occupation militaire semblent de peu de conséquence et tiennent peu de place. Au contraire, comme le prouve l'attitude de la garnison qui y est installée depuis 1787, l'Hôpital a su conquérir la sympathie de la troupe. L'intérêt n'y est pas étranger. Il est un de ces « lieux circonvoisins » qui trouvent leur compte à vendre leurs produits aux armées de passage ou d'occupation, à un taux supérieur à la taxe des marchés de Conflans. La troupe, c'est parfois une gêne, mais c'est toujours une ressource, un client commode, toujours heureux de s'approvisionner sur place. A la suite de ces contacts multipliés, l'Hôpital prit goût au militaire. D'autre part, les délaissés de sa plaine constituaient un champ de manœuvre idéal, plat, sec et pas cher, où dès 1787 se tint la revue annuelle du second bataillon du régiment provincial de Maurienne (BB. 2, 148). L'expérience était concluante; l'Hôpital y avait découvert sa vocation de ville de garnison. Dès l'année suivante, elle devient le dépôt officiel de ce même bataillon. Les gens apporteront un véritable enthousiasme, d'autant plus soutenu qu'il y a là un prétexte irrésistible à esquiver d'autres corvées plus fastidieuses, à effectuer les travaux de nivellement de la place d'exercices, d'installation du dépôt d'armes et du corps de garde (BB. 2, 155, et EE. 1, 9 à 16).

II. — La vie commerciale.

L'afflux des avantages commerciaux déclenché par la descente de la route dans la plaine de Conflans à la faveur de l'installation des salines avait précédé l'installation de la petite garnison. Pendant longtemps, l'Hôpital dut se contenter des miettes du commerce de Conflans. Il invite à étaler des marchands forains, que refroidit l'escalade du bourg perché. Il se fait la halte accueillante et intéressée de tous les clients éloignés de la rive droite de la Combe et du Val d'Arly, de tous ceux que rebutent la banderolle et la carte forcée de « la dînée du samedi » dans les cabarets de Conflans. L'occupation militaire, de 1704-1709 et 1742-1749, qui tient les routes, coupe les ponts et affame Conflans, arrête par contre tous les arrivages à l'Hôpital et y fixe le lieu des échanges. Les inondations qui, de même, dégradent les routes et emportent les ponts, l'isolent moins que Conflans et servent au mieux ses intérêts. Celles du redoutable Chiriac, toutefois, sollicitent ses préoccupations au même degré que celles de l'Arly, car, outre que ses divagations le précipitent au travers de la plaine qui s'étend de Gilly à l'Hôpital, « il ravage les alentours et intercepte souvent la grande route » (BB. 3, 11), celle par où lui arrive tout le trafic du secteur le plus important de son périmètre d'attraction et, aujourd'hui encore, sa clientèle la plus fidèle. Aussi bien les gens de l'Hôpital, si prompts à se dérober pour d'autres corvées, ne se font pas prier « pour travailler à l'entretien de ladite grande route, souvent endommagée par le Chiriac », pas plus qu'à lui aménager un lit stable qui mettra un terme à ses débordements (BB. 2 et 3, 1788 et 1791).

Somme toute, visiblement l'Hôpital tire à lui les avantages. La route qui, désormais, en 1753, évite Conflans, va consacrer sa supériorité. Dès le 3 avril 1772, le secrétaire Saint-Marcel reconnaissait que « l'Hôpital est le centre, à présent, où aboutissent la Maurienne, la Savoie, la Tarentaise, le Faucigny et le mandement de Beaufort ». Aussi, « déplacer le pont (comme il en était question), qui est la source de leur commerce, serait réduire l'Hôpital au rôle d'un amas de granges, et le village des Adoubes, qui est au bout du pont du côté de Conflans, deviendrait un cul-de-sac ruiné; n'y ayant plus de passage, les habitants abandonneraient leurs maisons pour chercher à vivre ailleurs [1] ».

Le pont demeura en place et l'Hôpital ne négligea rien pour faire affluer les affaires comme pour refouler toutes les prétentions de Conflans. En 1784, il s'enhardit à invoquer certains « anciens titres d'où il résulterait que les marchés se sont toujours tenus les mêmes jours (et pour cause) à l'Hôpital et à Conflans ». La contestation donne lieu à un procès. Entre temps, la commune, peu rassurée sur son bon droit et l'issue du procès, « offre 1.000 livres au gouvernement pour en obtenir la concession d'un marché hebdomadaire qui serait fixé au jeudi, et de

---

[1] Arch. Savoie, série C. 685.

3 foires, ladite offre motivée sur ce fait que la situation du bourg est si avantageuse qu'elle le rend susceptible d'un grand commerce » (BB. 2, 1785). On ne pouvait plus insidieusement sauver la face. Apparemment, le marché du jeudi ne nuirait pas à ceux du samedi à Conflans, mais il les minait, les rendait pratiquement inutiles. La clientèle, attirée le jeudi à l'Hôpital, ne devait plus être tentée, ses affaires faites, par l'escalade du bourg perché, le surlendemain. Malgré l'opposition désespérée de Conflans, la concession était accordée par lettres patentes du 27 juin 1786. C'était, après la descente de la route, vers 1753, la consécration officielle et effective du rôle commercial de l'Hôpital et de la déchéance de Conflans. Les marchés de celui-ci avaient beau être maintenus à grand renfort de privilèges et d'exemptions, cette apparence d'égalité était un leurre qui ne devait abuser personne.

Aussi bien l'Hôpital eut-il le sentiment très vif de la bonne affaire qu'il venait d'opérer. Il prit son rôle au sérieux et apporta quelque frénésie à attirer la clientèle, à s'adapter à sa vie nouvelle, à aménager la place de ses foires et marchés, à se faire l'emporium et le bourg hospitalier du carrefour de ses vallées. Il hâtait aussitôt « la construction d'une maison consulaire et celle des halles ou grenette, nécessitée par l'érection des foires et marchés ». Il entreprenait une visite minutieuse des ponts et chemins tendant vers la ville. La route, « part du Chiriac », était restaurée ; le lit du torrent recreusé et stabilisé, ses méfaits conjurés. Les sollicitudes les plus attentives vont au pont de l'Arly. Ebranlé par l'inondation du 1er novembre 1765, où le barrage de ses pilots a précipité la rivière en partie dans le bourg, la plaine et Saint-Sigismond, on veut y remédier en le consolidant « là où il est » ou bien en le déplaçant un peu à l'aval du bourg et des Adoubes, en biais et face à la prise d'eau douce des salines, ce qui épargnerait à l'Hôpital le danger d'une nouvelle embâcle à son pont. Les vives discussions auxquelles donnent lieu ces projets ne font que souligner l'intérêt de cette grande route pour « le bourg dont la situation fait toute la richesse...

et y attire chaque jour des familles étrangères qui viennent s'y enrichir par le commerce » (BB. 2 et 3, 1784-1792).

III. — La topographie du bourg de 1750 à 1792.

On ne pouvait préciser plus clairement les attributs de l'Hôpital : bourg de carrefour, de pont, bourg commercial « dont il n'y a pas 10 familles sur 98 dont les chefs ne soient marchands, aubergistes ou artisans » (BB. 2 et 3, 1784-1792). Les Adoubes et l'Hôpital en forment les deux éléments jumeaux, « le village et le bourg ». Les Adoubes, étranglés entre la rivière et le « roc » de Conflans, ne peuvent évoluer faute de place. Ils attendront la fin du XIXe siècle pour pousser de timides prolongements sur les routes de Beaufort, Conflans et Moûtiers qui s'y viennent aboucher en un *trivium* légèrement déplacé en aval avec le pont actuel de la place Charles-Albert. Le gros de l'agglomération se porte à l'Hôpital, sur la rive droite, parce qu'au large et un peu à distance de la rivière, donc relativement à l'abri. Deux plans très sommaires permettent d'en fixer grossièrement la topographie (fig. 1 et 2).

L'un est de 1763 (C. 504), l'autre de 1772 (C. 685). A neuf ans d'intervalle, malgré leur regrettable imprécision, ils ont le mérite d'accuser une évolution manifeste. Le premier, extrait du « Trachement du Novau chemin de Conflans à Montailleur », avec vue cavalière sur toute la partie amont de la Combe de Savoie, donne à l'Hôpital l'aspect d'un simple village de route, groupé en une seule rue, la « grande rue ou rue publique », dans l'axe de la vallée, mais au pied du versant du vignoble, avec le souci non douteux de se tenir à l'écart de la rivière. Toutefois, elle l'affronte hardiment, à angle droit, et déjà des maisons, faussant compagnie à l'ancienne église, défendue par le bas replat qui lui sert de socle, se risquent le long de la « rue qui mène au pont » et qui sera sans plus tarder la « rue du Pont ». Elle formera trait d'union avec le village des Adoubes, adossé

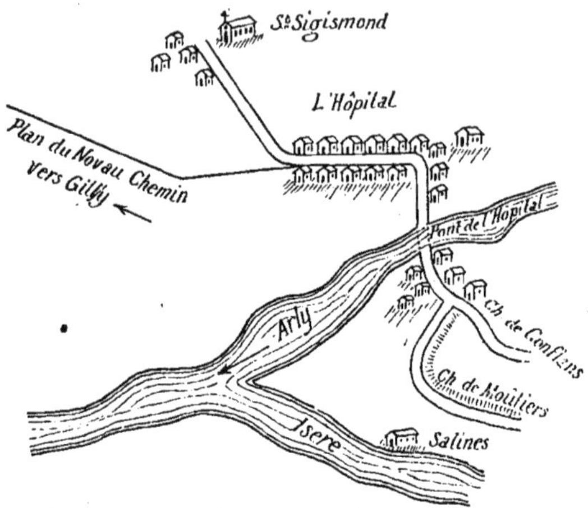

Fig. 1. — L'Hôpital et Conflans.
Plan extrait du « Trachement du Novau Chemin de Conflans à Montailleur », par l'ingénieur Capellini (16 décembre 1763). Arch. Savoie, C. 504.

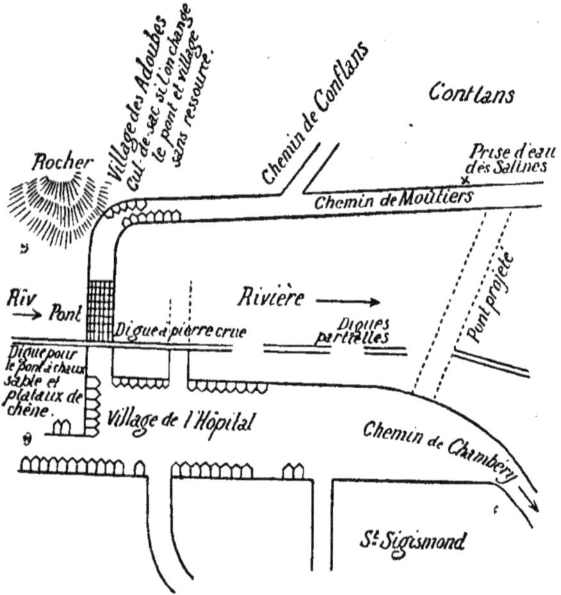

Fig. 2. — L'Hôpital et Conflans en 1772.
« Plan barbouillé... sans ordre et sans mesure autant que ma vue me l'a représenté », par le s[r] Saint-Marcel (3 avril 1772). Arch. Savoie, C. 685.

à l'aval d'une protubérance rocheuse de quelques mètres, abri précaire mais effectif. Jusqu'alors, à l'aval, le bourg ne dépasse pas l'ancienne route de Saint-Sigismond, ce qui revient à dire qu'en dehors des quelques maisons de la rue du Pont, tout l'Hôpital tient entre les rues actuelles de Bugeaud et Gambetta, soit environ la moitié ouest seulement de la rue de Genève. Le « novau chemin » de 1763 ne fait qu'ouvrir un tracé d'attente, celui des futures rue de la République et avenue Victor-Hugo. Le plan de 1772, établi à vue de nez, « barbouillé sans ordre et sans mesure », est sensiblement plus explicite. Il prolonge déjà vers l'amont la rue de Genève; il ouvre sur la Grande-Rue la route qui grimpe à Pallud et lui assure sur l'Arly un débouché, l'amorce de la rue Grenette, parallèle à la rue du Pont, avec l'annonce d'un nouveau pont. A l'aval, la route de Saint-Sigismond marque toujours le terme de l'extension du bourg. Il ne saurait se risquer plus loin, car en face, les digues, simplement partielles sur l'Arly, atténuent à peine le danger grandissant des inondations. Par ailleurs, en dépit de ses « aubergistes, marchands ou artisans », il n'est encore qu'un bourg d'aspect exclusivement rural, d'une propreté douteuse vers 1770 et que cependant il serait facile d'assurer « grâce à la rigole en pente qui occupe le milieu de la *grande rue*, si les habitants s'abstenaient de faire des fumiers et des encombrements et si chacun balayait devant sa maison » (BB. 1).

D'autre part, on sait qu'en 1780, « les 80 maisons du bourg sont presque toutes couvertes en paille et la plupart des habitants y engrangent du foin » (BB. 2); y ôter le commerce « serait réduire l'Hôpital au rôle d'un amas de granges » (C. 685). Voilà pourquoi *l'incendie* y sévit à l'état de menace perpétuelle, fléau plus redoutable que les inondations. En 1758, 73 maisons y furent calcinées dans la nuit du 10 au 11 avril. C'est pourquoi la police urbaine s'occupe très activement des mesures à prendre pour prévenir le retour de ces sinistres : le ramonage des cheminées (BB. 1, 1775), l'établissement d'une pompe (BB. 2, 1780), « l'adduction, le 12 mars 1781, de l'eau d'un ruisseau qui est au sommet d'icelui (le bourg) en cas d'incendie, ainsi que nous sommes menacés tous les jours, étant couverts à paille » (A. D., C. 685).

On fit bonne garde; et, en dehors de l'accident de 1815 dû au fait de la guerre, on fut à peu près garanti contre le feu, tout comme les travaux d'endiguement, menés à grand renfort de corvées, de contributions en espèces (300 livres par an), jointes aux charités du Roi, enrayèrent tout retour offensif de l'Arly. En 1773, on avait déjà pu « édifier », récupérer plus de 60 journaux sur les 200 dévastés en 1740 et qui commencent à produire quelque chose.

Ainsi donc, en dépit de ses chétives proportions et de son aspect rural, la sécurité donne au bourg une animation et un commerce des plus fructueux. Les affaires vont bien; « il s'augmente de jour en jour ». Il double presque en vingt ans : de 305 en 1776, il passe à 510 en 1793. Avec le bien-être, il lui vient le souci de la tenue. La poussée est trop brusque pour qu'il ne prenne pas figure de parvenu. La toilette de sa rue devient une grosse préoccupation; il est hanté du souci du décorum et de la bienséance, dans un but tout utilitaire, à seule fin d'y attirer les étrangers et en rendre la traversée ou le séjour agréables. La place du Marché, près le pont, est pourvue du nécessaire : grenette, halles pour mettre à l'abri les étalages. Dès 1781, le bourg se soucie de la toilette et de l'alignement des maisons à qui il demande de ne plus présenter sur la rue qu'une façade décente : « Eu égard à sa bonne situation pour le commerce qui intéresse toutes les paroisses et même les villes les plus voisines, il a cru devoir s'opposer à l'innovation d'un particulier qui a établi dernièrement dans la *rue publique* des escaliers en bois pour pratiquer l'entrée d'une maison qu'il a fait construire récemment... innovation qui fait une irrégularité et qui diminue la bienséance des emplacements qui confinent ladite maison » (A. D. C. 685).

Ainsi les soucis de la toilette du bourg vont de pair avec les préoccupations commerciales et convergent vers un but commun :

l'afflux du trafic et des étrangers, le développement de la ville, les affaires, la prospérité et le mieux-être.

IV. — La grande poussée de croissance (1792-1840).

Les événements de septembre 1792 et la première annexion de la Savoie à la France furent loin d'arrêter cet essor. Il est vrai qu'il se poursuivit au détriment de Conflans. L'Hôpital eut l'habileté de se rallier d'enthousiasme au régime nouveau et de capter, à la faveur de son « civisme des moins suspects », toutes les faveurs administratives. Conflans y perdit son enceinte, son clocher, ses couvents des Capucins et des Bernardines, en tout 30 personnes (1783), sans compter le personnel domestique et d'exploitation des clos et fermes. Puis les marchés hebdomadaires furent déclarés « alternatifs » entre Conflans et l'Hôpital, ce qui provoqua de la part des habitants de la colline des protestations incessantes. Elles sont d'ailleurs assez peu justifiées, si l'on en juge par l'accroissement de la population de Conflans, qui passe de 1.280 en 1789 à 1.300 en l'an IX, soit 80 de plus en douze ans. D'ailleurs, une statistique du 16 vendémiaire an XI, comparant l'état de cette date à celui de 1789, indique que le nombre des propriétaires est monté de 400 à 430; celui des gens qui ont des ressources d'appoint en dehors de leur profession s'est élevé de 395 à 423.

Mais l'Hôpital a fait bien mieux que son rival; il ne s'est pas contenté de marquer le pas. Au mieux avec le Régime du jour, il lui a fait une cour très utilitaire et des plus fructueuses. Il a accueilli d'enthousiasme les volontaires, retenu et cultivé jalousement les états-majors révolutionnaires. Son « corps de garde » s'est mué en gendarmerie qui s'est empressée de reprendre ses tracasseries et sa « patrouille » contre « la canaille de Conflans » (Arch. Savoie, L.). Il est devenu chef-lieu de canton au même titre que Conflans. Somme toute, il s'est trouvé armé administrativement pour faire valoir les avantages de son site et accaparer les affaires. Si le système « alternatif » refréna pour un temps ses entreprises, il sut tourner l'arrêté en accaparant la clientèle et créer un fait accompli devant lequel les marchés de la quinzaine à Conflans ne pouvaient être qu'illusoires et caducs.

Les résultats traduisent ce succès. Le bourg gagna 200 unités en ces 22 années de la première annexion. De 253 en 1756, il monte à 365 en 1776, à 510 en 1793, à 704 en 1815. C'est plus que le double de l'augmentation de Conflans. L'immigration sans doute y a grande part, principalement l'afflux des gens de la banlieue immédiate et des hautes communes « circonvoisines », attirés par le commerce, les marchés, les installations hôtelières, les affaires nées du transit.

Les documents d'archives (F. S. 890, 1814) apportent une réelle complaisance à souligner cette ascension économique et à l'opposer au marasme croissant qui s'appesantit sur Conflans. Si « dans cette ville tout annonce le calme et la tranquillité et si l'on y respire un bon air, l'Hôpital est un bourg assez bruyant à cause de son grand commerce... Tout le commerce s'y est porté naturellement, ce qui l'a beaucoup enrichi au grand détriment de Conflans. Aussi voit-on à l'Hôpital un grand nombre de maisons entièrement neuves... Depuis 20 ans ce pays, par ses ressources et par l'agrément de son site, a été occupé par nombre de personnes qui s'y sont fixées nouvellement et qui y ont fait bâtir... Son sol, sa fertilité, ses communications avec le Faussigny y appelle beaucoup d'étrangers qui y ont fait bâtir et qui font encore bâtir en ce moment... ». Toutes ces maisons neuves débordent remarquablement les limites du chétif bourg agricole. Le quartier de la rue du Pont s'en trouve tout dilaté. En amont, il pousse un coin vers le défilé de l'Arly où, faute de place, il s'arrêtera de bonne heure. A l'aval, il élargit et descend la base de son triangle dans le cadre de la plaine alluviale où il pourra s'étendre indéfiniment. 704 habitants bien agglomérés, c'est déjà l'importance des plus gros bourgs ruraux contemporains : Montmélian, Saint-Pierre-d'Albigny, Grésy-sur-Isère,

Les progrès vont être bien plus considérables encore pendant la période de la Restauration sarde. Conflans lui-même nous semble y participer si nous considérons seulement l'augmentation de sa population : 1.360 en l'an IX, 1.574 en 1828; il est vrai que cette augmentation est celle de toute la Savoie à la même époque. L'Hôpital a fait beaucoup mieux et en moins de temps : de 704 en 1815, il a bondi à 910 en 1818, soit un gain de 206 unités en trois ans et presque le double du chiffre de 1793 : 510. Et le bond se poursuit prodigieux par un gain de 810 en dix ans, de 1818 à 1828, où il atteint 1.720 habitants et pour la première fois dépasse la population globale de Conflans : 1.720 contre 1.574; c'est-à-dire un total de 3.294 habitants pour les deux communes. Joints aux 528 de Saint-Sigismond, en la même année, cela représente déjà un ensemble respectable de 3.822 habitants pour la totalité de l'agglomération du confluent de l'Arly et de l'Isère. Pour l'Hôpital, du moins, c'est, toutes proportions gardées, la poussée de la ville-champignon, un cas surprenant si l'on considère que cette poussée, traduite en un gain de 1.016 habitants en treize ans (1815 à 1828; 77 par année), ne fut déterminée que par l'attrait des possibilités commerciales, sans l'appoint d'aucune industrie, par la découverte d'un site merveilleusement adapté aux échanges et au transit vers lequel l'afflux se fait longtemps contenu et timide, pour finir par la ruée le jour où l'on saura que tous les obstacles sont levés. Effectivement, la sécurité de la plaine est acquise par devers l'Arly endigué; le pont sûr; les péages, leydes et gabelles abolis définitivement; l'approvisionnement assuré et le séjour garanti sous l'espèce de nombreuses constructions nouvelles et de confortables installations hôtelières.

En tout cas, c'est bien la période de croissance maxima. Désormais, la poussée continuera mais ralentie, sans à-coup, bien régulière; ce qui est un indice de bonne venue, de vigueur et de santé : de 3.294 en 1828, elle monte à 3.406 en 1838, à 3.801 en 1848, à 4.018 en 1861, au lendemain de l'annexion, à 4.398 en 1872. C'est un gain décennal de près de 400 unités; 40 par an, c'est-à-dire la moitié moins que pendant la période la plus favorisée, de 1815 à 1828. En y ajoutant les chiffres correspondants de Saint-Sigismond où la progression est tout aussi régulière, le bilan de l'agglomération albertvilloise s'établit comme suit en ces quatre étapes : 3.822, 3.948, 4.353, 4.458.

Le recensement détaillé et si intéressant de 1838 (F. S. 659) donne des renseignements très précieux sur le décompte de ses 3.406 « individus ». «Nés dans la province » : 1.396 hommes et 1.535 femmes, soit 2.931; « nationaux étrangers à la province » : 213 hommes et 189 femmes, soit 402; étrangers : 49 hommes et 24 femmes, soit 73. Le tout pour Albertville, c'est-à-dire l'Hôpital et Conflans réunis; tandis que Saint-Sigismond, sur ses 542 habitants, compte 48 nationaux étrangers et 8 étrangers. En somme, sur un total de 3.948 habitants, il y a 531 étrangers de nationalité sarde, française ou autre : 1 sur 7; et, sur les 3.417 restants, on peut avancer, sans crainte d'exagération, que la bonne moitié n'a pas vu le jour à Albertville; ce qui revient à évaluer à près de 2.000 le flot des immigrants que le carrefour a su attirer et fixer dans ses murs flambant neuf.

Quelques chiffres relevés sur les registres des décès de la mairie d'Albertville permettront de serrer de plus près ce problème de l'immigration et de la croissance. Les années des recensements sardes donnent les résultats suivants : 1828, 60 décès dont 20 d'étrangers à la commune; 1838, 56 dont 12 étrangers; 1848, 56 dont 24. Il convient de leur adjoindre trois autres années qui présentent un bon type d'écart dans la mortalité : 1839, 54 morts dont 19 étrangers; 1840, 43 et 15; 1849, 71 et 25. Au total, pour les six années, c'est un effectif de 340 morts, dont 115 étrangers à la commune, soit 1 étranger sur 4. Que si leur état civil révèle dans le nombre quelques décès purement accidentels, par contre il est infiniment probable que beaucoup d'autres, établis, domiciliés ou simplement inscrits à la mairie, n'y prennent pas figure d'étrangers. D'autre part, leur décompte en attribue 18 aux communes limitrophes de la banlieue; 13 au Genevois, en particulier à Faverges, Doussard, Thônes, Saint-

Jean-de-Sixt et Entremont; 11 à la Tarentaise, dont 4 à Moûtiers, 3 à la basse et 4 à la moyenne Tarentaise. Le Beaufortin et la Combe de Savoie en revendiquent 10 chacun, le Val d'Arly 9, le Piémont 7, le Chablais 5, Chambéry 4, la Maurienne 3 ainsi que l'Albanais; les Bauges, la cluse de Chambéry, Annecy, le Faucigny, Grenoble-Vizille, Lyon, chacun 2; le Petit-Bugey, la Suisse, Paris, le Pas-de-Calais 1. En résumé, au plus fort de sa croissance à Albertville, l'immigration s'est comportée comme dans la plupart des villes : en raison inverse de la distance du lieu d'origine de ses représentants.

Ce phénomène d'une si brusque croissance est un problème déconcertant, sans solution pleinement satisfaisante. Les conditions physiques et économiques n'y ont qu'une part théorique et ne fournissent que le cadre, c'est-à-dire des indices, de simples présomptions sous l'espèce des attraits d'un site brusquement révélé, en tout cas d'un des carrefours les mieux avantagés des Alpes du Nord.

De la ruée subite, plusieurs explications peuvent être tentées. Tout d'abord, il semble qu'Albertville ait été un point de concentration des révolutionnaires au début de la période. L'Hôpital, avec ses étrangers, ses ouvriers des salines, ses rouliers, ses « artisans mécaniques » et ses aubergistes, se présenta à eux comme un milieu éminemment favorable pour leur propagande. De 1792 à 1802, les Amis du Peuple et les Sociétés Populaires s'y révèlent des plus actifs en Savoie. Groupés par la communauté des idées et des intérêts, ils attirent à eux leurs frères en Révolution, leurs compagnons d'émigration : ils font de l'Hôpital un « petit Paris », suivant l'expression savoyarde bien connue et qui sert à désigner tous les points de concentration des revenants de Paris. Ils y incarnent les conquêtes révolutionnaires, cultivent jalousement la tradition de 93. Ils constituent le *fief rouge*, né de la politique autant que de la géographie, qui s'appliquera à faire pièce à Conflans, la citadelle du passé, légitimiste et réactionnaire.

Cependant, il ne faudrait pas se méprendre sur la part d'influence qui revient à cette équipe de rapatriés, outre qu'elle échappe à tout dénombrement. D'ailleurs, pendant toute la première annexion, la ville met exactement vingt-deux ans pour gagner péniblement 196 unités. L'Hôpital, comme la Savoie, vécurent alors une période de stagnation. Les routes furent bien entretenues, dans un but administratif et stratégique à l'usage des relations transalpines. L'Hôpital en bénéficia, mais sûrement moins que les stations de la Maurienne sur la route du Mont Cenis. D'autre part, la suppression de toute barrière douanière donna libre jeu à la concurrence française qui fit péricliter la petite industrie locale tout en aspirant les produits pastoraux. Si le numéraire français fut plus abondant, ce ne fut que pour faciliter le commerce extérieur sans grand profit pour le commerce intérieur et ses lieux d'échanges. Enfin, sur les routes de France devenues libres, l'émigration reprit comme jamais.

1815 vint clore brusquement cette période française plus brillante qu'heureuse en affaires. Le flot des émigrés en fut contenu; la barrière douanière se redressa devant la concurrence française et un protectionnisme alors nécessaire, tout en retenant le numéraire français, allait permettre au pays de se reconstituer après la secousse des événements dont il fut le théâtre. Ces considérations générales servirent tout spécialement les intérêts de l'Hôpital. C'est alors qu'en trois ans, de 1815 à 1818, il s'accrut de 206 unités; plus que durant les vingt-deux années qui ont précédé.

Le plus surprenant, c'est que le début de cette remarquable croissance coïncida avec une période de malaise et de calamités, marquée par deux incendies et la disette très dure de 1816. Le premier incendie fut allumé au cours du bombardement de la bataille de Conflans[1] (28 juin 1815), livrée entre les Austro-

---

[1] Arch. d'Albertville, Invent. par M. G. Pérouse, Doc. p. 73. — Ce furent les débuts heureux de la brillante carrière de Bugeaud. Ils lui valurent de donner son nom à l'ancienne rue du Pont dont sa petite troupe s'empara au milieu des flammes.

Sardes de Trenk et Andezeno, postés sur le verrou, et la petite troupe du colonel Bugeaud, qui tenait la rive droite de l'Arly. L'incendie « consuma 14 bâtiments » (F. S. Albertv. 1) ; le bombardement et le pillage avant le rejet définitif de l'ennemi sur la rive gauche firent plus de mal encore. On ne connaît pas l'étendue des dégâts du second incendie, du 2 avril 1816. Il est probable qu'ils n'eurent pas la même importance. Pour venir en aide aux sinistrés et « subvenir aux premiers besoins de ses habitants, la commune s'endetta de 6.000 francs » (F. S. 705).

La disette de 1816 était due aux intempéries; c'est ce qui lui valut de se traduire en une famine, générale en Savoie, et une crise de vie chère. L'année 1816 avait connu des pluies persistantes avec une moyenne de température très basse. Les récoltes périrent ou ne mûrirent pas. 1817 débuta de même, c'est-à-dire très mal, jusqu'en juillet où s'opéra le rétablissement. « La montagne, surtout, n'eut aucun moyen de subsistance par l'effet de la présence des armées pendant près de trois ans et de l'épizootie qui, en 1814, a fait périr une immense quantité de bétail et par la mauvaise récolte en tous genres des produits de l'année 1816 » (F. S. 700). Aussi bien, « c'est un sentiment pénible et irrésistible qu'impose à toute âme sensible le spectacle déchirant de la misère publique qui règne dans cette province ». Quant à « la ville de l'Hôpital, après tous les malheurs qu'elle a soufferts dans l'incendie et pillage du 28 juin 1815 et dans l'incendie du 2 avril 1816 », elle ne peut rien pour soulager la misère des autres ni même la sienne propre. Son sort est même loin d'être aussi avantagé que celui d'Ugine où « il y a des petites bourses » (F. S. 705).

Le remède à tant de misères, on le trouva dans un emprunt dit « annonaire » de 6 millions, couvert par des souscriptions sollicitées administrativement par un comité officiel de secours auprès des « cottisés les plus imposés ». Ces rôles des taxés sont des plus intéressants, car ils donnent, spécialement pour les villes, un état des aisés du plus haut intérêt au sujet du commerce, de l'industrie et de l'état des affaires. Ainsi, pour l'Hôpital, on relève 16 taxés d'une moitié ou d'un quart d'action : 6 épiciers, 7 marchands drapiers ou fabricants de drap, utilisant la laine des moutons du pays, dits de Marthod, 2 marchands de fer, s'approvisionnant sans doute à la Fonderie Royale de Conflans ou aux martinets de Sainte-Hélène-des-Millières, enfin 1 pelletier, trafiquant des cuirs de Beaufort. Conflans, par contre, ne compte que 5 taxés : 3 drapiers, 1 épicier, 1 tanneur. L'industrie hôtelière ne se trouve pas représentée, sans doute parce qu'elle ne fait vivre encore que des aubergistes. Le produit de l'emprunt annonaire permit de centraliser en des magasins établis dans les bourgs principaux, dont l'Hôpital, les secours les plus urgents; en espèces pour l'achat des semences et en nature pour subvenir aux besoins des populations affamées. La répartition se fit pour ainsi dire en raison directe de l'altitude où les intempéries et la misère s'étaient faites plus dures. La ville, l'Hôpital, fut ainsi considérée comme un point privilégié où se distribuait la manne dans les temps de disette. Bien des ménages pauvres de la montagne s'y ruèrent et, comme c'était le marasme en haut, plus d'un y demeura.

Donc, si les intempéries de 1816-1817 ont si fort malmené la montagne, elles ont été infiniment plus douces pour l'Hôpital. Le chiffre de sa population n'a pu qu'y gagner. Il gagna davantage encore au nouveau régime douanier inauguré par la Restauration sarde, le 6 juin 1818, et qui fut tout particulièrement fatal aux divers produits de l'élevage, en raison même des barrières qu'il dressa sur les frontières de France et de Suisse. Le courant commercial, qui s'y était établi à la faveur de la commune occupation française, en fut considérablement entravé. Le Piémont seul en profitait, mais c'était un débouché insuffisant et d'accès fort incommode.

« Les principales, pour ne pas dire les seules branches de commerce de la Haute-Savoie (arrondissement d'Albertville), sont : le bétail, les cuirs, les fromages, les bois, les vins, un peu de bled, les noix et un peu de chanvre. Le bétail s'exporte en Piémont, principalement à Chambéry et précédemment en

France, mais le commerce en est devenu bien modique et à bas prix, parce que le débouché du Piémont ne peut pas consumer la grande quantité de gruyères qui se fabriquent, tellement qu'il y a encore beaucoup de fruitières invendues qui se gâtent et dont les propriétaires sont profondément affligés des pertes aussi considérables qui les ruinent et les découragent. Les cuirs vont à Genève. Les bois s'exportent par radeaux sur l'Isère jusqu'à Grenoble... » (F. S. 524, 1818). Et pour toutes ces denrées, l'Hôpital est, de par son site au carrefour des vallées, le marché, l'entrepôt obligés.

Mais il y a plus : les nouvelles frontières de 1815 ont brusquement fermé des courants commerciaux spéciaux établis à la faveur de l'occupation française. Un rapport de Beaufort[1] signale, en 1818, la mévente des gruyères « qui ont baissé de 15 livres par quintal, ce qui, joint aux mauvaises années de 1816 et 1817, a ruiné une grande partie des fermiers et propriétaires » : 1° Tous les gruyères et ceux de Suisse se massaient à Beaufort où des marchands de Tignes et Termignon les écoulaient en Italie par le Petit-Saint-Bernard et le Mont Cenis et surtout dans la France du Sud et en Espagne, de 1792 à 1815. Le retour au Piémont a tout bouleversé : le Piémont se réapprovisionne en Suisse par les cols italiens; la France est fermée par les droits d'entrée français et de sortie sardes... 2° Pour les mêmes motifs, il y a crise du commerce des mulets de 2 à 5 ans qui allaient dans les Hautes-Alpes et aux Bouches-du-Rhône, ce qui nuit aux hôtelleries et aux pâturages à mulets... 3° Mévente par manque de débouchés et surproduction des peaux, cuirs, peaux à poil et à laine... 4° Pendant la période française, la suppression de la douane suisse a fait que son industrie lainière s'est alimentée en grande partie chez nous et a fait multiplier singulièrement le troupeau ovin savoyard « à cause du voisinage qui

---

[1] **Doléances des syndics du Val de Saint-Maxime (Doron de Beaufort). Beaufort, 26 juillet 1818, Fonds Sarde, n° 1669.**

fait que les frais de conduite ne sont pas considérables et parce que le mouton a pu utiliser dans la haute et basse montagne toutes les pâtures inaccessibles au gros bétail et a fumé toutes ces pierrailles incultes; d'autant que, outre leur laine et leur viande, le lait gras des brebis sert à confectionner ces fromages gras qui vont réveiller l'appétit émoussé des citadins ».

En définitive, Beaufort, la capitale fromagère de la première annexion en Savoie — elle l'est redevenue aujourd'hui — est dans le marasme parce que la Restauration a aveuglé tous ses débouchés et rompu du même coup ses relations séculaires avec les gens de Tignes et de Termignon, grands trafiquants de ses fromages en même temps qu'inalpeurs de ses moutons et spécialistes du fromage bleu de brebis : le Tignard et le persillé du Mont Cenis. Le résultat est clair : tous ces produits non consommés, ces fruitières invendues, les laines en souffrance viennent s'entasser à l'Hôpital, le seul marché de la région, le point de passage et le centre du trafic obligé, attendant, pour s'écouler, la bonne occasion ou la fructueuse contrebande. L'Hôpital se trouve avoir ainsi, sans trop le vouloir, détrôné Beaufort dont la congestion lui profite. Les montagnards, « ruinés et découragés », y suivent leurs produits, en font des dépôts, attendent et surveillent la vente, s'installent à l'Hôpital. C'est un apport nouveau, temporaire, involontaire, mais dont une part se fixera dans la boutique improvisée. Encore aujourd'hui, l'élément beaufortin à Albertville est bien représenté.

Les cuirs, de même, vinrent s'y entasser. Ils servirent, pour une part minime, à approvisionner les quelques tanneries qu'on vit alors se monter dans tous les bourgs de la dépression subalpine, depuis Ugine jusqu'à Montmélian, et dont aucune n'occupa plus de 12 ouvriers. Le reste se réserva pour des jours meilleurs où des « licences » les laissèrent pénétrer bruts à Genève et en Suisse pour revenir au pays alimenter la cordonnerie villageoise.

Le bois des réserves inépuisables du bassin forestier du Doron et de l'Arly déplaça vers l'Hôpital quelques-unes des scieries qui le débitaient le long des torrents de la montagne, en planches, pour le rendre plus transportable. Le diguement allait y faire naître un quai pour l'équipement et la charge des radeaux sur l'Arly à destination, par la voie de l'Isère, des bourgs de la Combe et du Grésivaudan : un port du bois.

Le vignoble de la plaine, enfin, y maintenait son marché et son commerce du vin, d'autant plus prospère qu'il n'avait plus à redouter la concurrence des vins de France. Marchands de vin et aubergistes constitueront le gros des déracinés du vignoble installés à l'Hôpital, de l'exode rural du bas pays vers la ville neuve. « L'on peut dire que cette province (Haute-Savoie), par l'effet du genre de vie économe de sa population, — le sexe agricole et pasteur n'en use guère que dans les jours de fêtes,... car ce breuvage n'est pas pour tous un besoin de première nécessité, — a, non seulement assez de vin pour sa consommation, mais qu'elle trouve encore dans son excédent une branche de commerce qui se répartit dans le Genevois, le Faucigny, la Maurienne et la Tarentaise » (F. S. 525, 1818). Dans tous les cas, le transport sinon l'approvisionnement se fait par l'Hôpital dont les aubergistes sont les premiers servis et souvent les courtiers. C'est dans ce nombre qu'il faut faire figurer un sinistré du 28 juin 1815, originaire de Gilly, et qui réclame contre l'expropriation de ses masures, parce que, « réfugié à Gilly, il est, de ce fait, réduit d'abandonner son commerce, unique ressource qu'il avait pour son entretien et celui de quatre enfants ».

Le rapport de l'Intendant de 1818 signale aussi la reprise d'activité des anciennes salines, muées en une Fonderie Centrale sous l'Empire, confortablement installée et outillée, ranimée au lendemain de la Restauration sous le nom de Fonderie Royale de Conflans. On y « fond le minerai d'argent et de plomb qui s'extrait à Pesey et à Mâcôt où il reçoit les premières opérations sur les lieux mêmes. Après sa réduction, il est ensuite transporté à cette Fonderie Royale où il est réduit en lingots d'argent et de plomb dont le gouvernement dispose ». Il va de soi que l'Hôpital, et non plus Conflans, héberge rouliers et mulets qui en assurent le transport. Et cela contribue, joint au trafic des fromages, cuirs, laines, bois et vins, à faire de l'Hôpital un centre très animé du roulage pour le plus grand profit et accroissement de son commerce, de ses restaurateurs et de ses petits métiers.

Il faut en dire autant du service de la diligence, institué dès 1772 par ordonnance royale, avec un règlement très strict et compliqué à l'usage des maîtres de postes, des postillons, des voyageurs et des relais, sur le parcours de la route provinciale de Chambéry à Moûtiers. Le relai et la poste, en 1815, avaient abandonné Conflans pour l'Hôpital. La diligence royale et publique reprenait son service quotidien et pouvait transporter 9 personnes à l'intérieur et 3 dans le coupé, sans préjudice pour les bagages, les « paquets et autres valeurs à lui remettre ». Dès juillet 1816, elle se doublait, en dépit de son privilège exclusif, d'un ou plusieurs autres services particuliers, bi-hebdomadaires ou plus ou moins réguliers, à seule fin de lui faire pièce et de servir les intérêts des nouveaux entrepreneurs concurrents, des voyageurs, des hôtelleries des relais, de celles de l'Hôpital en particulier.

C'est ainsi qu'en débordant légèrement leur cadre restreint, l'exposé sommaire des facteurs économiques rassemble un faisceau de présomptions qui peuvent expliquer d'une façon assez satisfaisante l'accroissement subit de la population de l'Hôpital, son gain de 206 habitants de 1815 à 1818; de 1.016 entre 1815 et 1828; remarquable ascension qui se ralentira dans la suite, mais sans presque jamais plus se démentir. Il faut l'imputer à un site incomparable, carrefour de vallées et de routes dont la sécurité est acquise; à l' « incommodité » du site de Conflans dont la déchéance est irrémédiable faute de pouvoir s'adapter aux besoins nouveaux. Les événements politiques y ont leur part de responsabilité, non moins qu'un cycle décennal de récoltes très déficitaires de 1811 à 1819, avec paroxysme en 1816 et 1817 où la disette presque absolue, jointe aux épizooties, aux dévastations militaires de 1814 et 1815, au protectionnisme sarde, ruine la montagne, comprime sa population et en refoule les déchets vers l'Hôpital. Il s'y organise un marché régional où s'entasse la pléthore de la montagne et du vignoble; un emporium de tous les produits alpins; l'entrepôt qui saura attendre la commande avec l'ouverture des débouchés; un centre d'approvisionnement, d'expédition et de redistribution. La navette du roulage assurera l'écoulement, cependant que les multiples diligences amèneront des clients et activeront les transactions.

La contre-épreuve est non moins concluante, décisive. Tandis que, de 1815 à 1818, l'Hôpital gagne 206 habitants, la province, avec ses mandements de Conflans, Beaufort, Grésy-sur-Isère et Ugine, en grande partie montagneux et où sévissent simultanément la disette des denrées alimentaires et la pléthore des produits pastoraux, passe de 35.303 à 34.655 et perd par conséquent 648 habitants[1]. La perte aurait été plus sensible si l'Hôpital n'avait fait l'office de barrage de retenue et fixé dans ses murs une notable partie du flot des émigrants ou compensé, par son gain, le fléchissement passager de la natalité dans la province. C'était, somme toute, plus qu'il ne fallait pour en faire une petite capitale régionale. Dès 1815, l'administration sarde avait eu le sentiment très net que l'accroissement incessant de sa population y fixerait désormais les affaires, que là était l'avenir avec la clef des communications et la commande de toute l'administration provinciale. « La population est en augmentation partout », dit le rapport de l'Intendant (F. S. 524, 1818), « principalement dans la ville de l'Hôpital, devenue chef-lieu de la province ». Suit le commentaire obligé de son site : « Sa situation au centre de plusieurs vallées importantes par leurs productions variées, à la jonction de trois routes principales, au confluent de deux rivières; ses relations commerciales par là même facilitées, ne peuvent qu'y apporter l'établissement de plusieurs étrangers. »

[1] Recensement de 1818 (F. S., 520).

A ces raisons d'ordre économique et administratif, le rapport en ajoute d'autres, nouvelles pour l'Hôpital, mais qui ne l'étaient point pour qui connaît l'histoire militaire de Conflans : l'importance stratégique. « Sous les rapports militaires, le chef-lieu est encore incontestablement d'une haute importance : on peut affirmer qu'il n'en est point qui se lie davantage avec tous les systèmes possibles de défense du duché... » Par là, le rapporteur accordait à l'Hôpital toute l'importance stratégique du site de Conflans. Celui-ci avait été, avec Charbonnière d'Aiguebelle, une place de soutien du fort de Montmélian, « *clavis et custodia Sabaudiæ* », la clef des Alpes et le factionnaire des vallées savoyardes, mais un peu trop facile à tourner, comme le prouvèrent Lesdiguières au Sud en 1600, par le Bréda et le Gelon, après l'affaire du château de L'Huile; Catinat en 1691, par les Bauges. C'est pourquoi, dans la suite, Albertville devait, après celle de Conflans, recueillir la succession de Montmélian et devenir ville de garnison. Avec Grenoble et Briançon, elle allait être une des trois grandes places défensives des vallées alpestres.

V. — La topographie de la nouvelle ville (1815-1835).

Ainsi transfiguré, le petit bourg rural va désormais prendre au sérieux son rôle et sa qualité d'agglomération urbaine. Il sera utile de fixer la physionomie de cette ville en pleine croissance. Les documents, d'ailleurs, sont rares qui puissent la saisir vers 1815 et ultérieurement, tandis qu'elle est en instance d'une évolution rapide.

Au Conseil de ville du 14 juillet 1815 (F. S., commune d'Albertville), il est décidé, pour éviter le retour des malheureux événements du 28 juin précédent, des reconstructions qui exigeront un plan d'ensemble, et on demande à l'Intendant général d'autoriser la confection dudit plan, en permettant d'y lier les hameaux de l'Hôpital et de l'Eglise de la commune de Saint-

Sigismond. Le plan annoncé n'a pas été retrouvé; mais il a été sûrement dressé et exécuté, car la disposition de la ville moderne en est visiblement inspirée. Le texte de la délibération de 1815 lui assigne comme termes de son extension l'agglomération de l'Hôpital et les abords de l'église de Saint-Sigismond. Le premier pousse sa tête en coin vers le défilé de l'Arly, à l'amont, tout en se blotissant au pied de l'ancienne église. Au droit du pont, la rue du Pont est nettement constituée : le bombardement y a incendié 14 bâtiments. Ce n'est pas à dire qu'il y ait tout « consumé ». En tout cas, c'est un progrès sensible sur la seule maison de 1728 et sur les quelques unités des plans de 1763 et 1772. La rue du Pont prend incontestablement figure d'artère principale, au moins au même titre que l'antique Grande-Rue et le double alignement des installations qu'elle fait vivre. Cette dernière semble s'arrêter encore à la hauteur de la route de Saint-Sigismond pour tendre la main au village de l'Eglise et y amorcer le faubourg actuel. Il est permis de supposer que, d'autre part, elle s'aventure déjà sur la route de Chambéry et qu'elle tend à y déplacer son « aboutissant » au détriment de l'ancienne route de Saint-Sigismond, sur le tracé même par conséquent du « novau chemin de 1763 », si tant est qu'il ait été exécuté à cette date. En définitive, dès 1815, l'Hôpital n'apparaît plus comme le simple village de route de 1728 à 1772; son axe cesse d'être rectiligne pour s'articuler en trois tronçons : la rue du Pont, la Grande-Rue, la route de Saint-Sigismond. Sur leurs abords, l'habitat s'étoffe et se dilate dans tous les sens, sauf à l'amont, faute de place. La place abonde à l'aval, en bordure de la Grande-Rue prolongée, entre l'Arly et Saint-Sigismond. C'est par là que s'opère l'accroissement, que se multiplient et s'égrènent, un peu confusément, les maisons neuves, où s'ouvriront plus tard et par étapes les rues parallèles à celle du Pont, marquant les points de la progression de la Grande-Rue sur la route de Chambéry.

Cet axe articulé nuit à la régularité de la topographie urbaine et à la rapidité des communications transversales. En particulier, le crochet imposé par le pont est une gêne qu'il serait facile de supprimer si le déplacement du pont pouvait s'opérer sans faire crier. D'autre part, ses abords, jadis bien dégagés par le danger des inondations, sont maintenant assaillis, encombrés de maisons un peu trop pressées d'accueillir les étrangers et le trafic, sur le mode des ponts du Moyen Age. Aussi bien, l'on peut dire que l'incendie du 28 juin 1815, qui les « consuma » en partie, est venu bien à point pour les refouler, nettoyer la place et mettre le marché au large et à l'aise. L'occasion était unique; on la saisit, en dépit des protestations des sinistrés : « Il est utile, quoique dans un moment critique, d'achepter à grands frais 5 à 6 maisons incendiées à l'Hôpital pour en faire une place de Marché... La construction des façades (des maisons dégagées sera) à charge des (propriétaires) mitoyens, à cause de l'avantage que ces maisons en retireront;... (leur façade devant donner) sur la place publique à édifier sur les débris de l'incendie de la bataille du 28 juin 1815 » (F. S. Albertville 1, 1815).

Toutefois, si le pont est dégagé, on n'ose pas encore le déplacer à l'aval. Ce serait nuire à trop d'intérêts particuliers. On devra attendre le diguement général, vers 1844, pour le reporter plus bas, à l'alignement du gros de l'agglomération récente qui s'y sera installé et qui l'attendra avec impatience. Jusque-là, on se contentera d'y faire de menues réparations et de renforcer ses pilots.

On apportera plus d'empressement à effectuer les « alignements et rectifications » prévus dans le plan de 1815, pour éviter l'éparpillement et la confusion des maisons nouvelles. Elles se rangeront vraisemblablement le long de la Grande-Rue (République), dont une verrue latérale opérera graduellement la soudure avec le « village de l'Eglise de Saint-Sigismond », soudure prévue dans le plan qui, dès 1815, les « lie » tous deux.

Les toits de chaume dont la ville est « parsemée » disparaîtront rapidement. Ils n'y sont plus qu'une infime minorité, tandis qu'ils étaient la totalité à la reconstruction du bourg après l'incendie de 1764. Leur petit nombre, en tout cas, aura prouvé à sa manière que l'antique petit bourg apparaît comme noyé dans ses récents agrandissements, qu'il s'est mué pour longtemps en un chantier de construction et qu'on y a bâti énormément et bien.

Chef-lieu de province en 1815, la petite ville s'applique aussitôt à tenir ses promesses vis-à-vis de ceux qui ont eu foi en son avenir. Elle entraîne Conflans à sa remorque et Saint-Sigismond, son satellite, dans son orbite. Dès 1828, elle détient tous les avantages, toutes les supériorités : le gros de la population, le commerce, les affaires; elle a de l'allure et grand air; l'administration provinciale ajoute à son lustre. Conflans garde ses pauvres marchés de la quinzaine et, par ailleurs, l'administration cantonale du plus important mandement de la province. Ce ne sera plus qu'un jeu pour l'Hôpital que de lui arracher cette dernière prérogative.

Entre temps, ce nom vulgaire de l'Hôpital lui pèse et ne satisfait plus sa vanité. Il voudrait, vers 1817, l'échanger contre une appellation toute neuve comme sa physionomie. Pour obtenir plus facilement ce changement d'état civil, il sollicitera le parrainage du roi Victor-Emmanuel Ier et lui proposera de s'appeler Saint-Victor. L'exécution du projet sera différée par les événements de 1821 qui écartèrent le roi du pouvoir et l'Hôpital de ses prétentions. Il les reprendra avec plus de succès en 1835.

Entre temps, le projet grandiose du diguement général de l'Isère, d'Albertville à Pontcharra, et de l'Arly, de Venthon au confluent, chemine et prend corps. Le 17 août 1824, le roi Charles-Félix préside la cérémonie mémorable de la pose de la première pierre [1]. Les inscriptions et les médailles commémoratives ont traduit, en style lapidaire, les espérances de toute la vallée : *Isarae alveus descriptus — doctus iter melius — nova commercio via aperitur... viginti millia jugerum aratro restituuntur.* C'était l'eldorado promis à toute la Combe de Savoie et, par

[1] Il en reste, sur les bords de l'Isère, tout près du confluent, le monument, modeste et effacé, dit la « Pierre du Roi ».

contre-coup, à la ville qui la commandait à l'amont. En effet, l'Hôpital, tête de pont et carrefour routier et commercial, se voyait déjà, par surcroît, port fluvial. Il partagea quelque temps les illusions de tous ceux qui avaient fondé des espérances sur l'Isère navigable. Du moins, il ne connut pas les mécomptes, les angoisses des communes rurales riveraines et la triple crise de cette entreprise cyclopéenne et au total si bienfaisante : crise du diguement, crise du colmatage, crise des filtrations. Jointes à la longue durée des travaux, échelonnés sur une période de 25 ans, de 1829 à 1854, elles avaient lassé la patience et déçu trop souvent l'attente des intéressés.

En tout cas, le port fluvial de l'Hôpital dut se contenter du rôle modeste d'un port au bois. Il arrêtait le flottage des bois que les bassins forestiers du Doron et de l'Arly supérieur confiaient à leurs torrents; puis, se transformant en arsenal, en chantier de construction, il rassemblait les troncs en des radeaux adaptés aux conditions du débit des rivières autant qu'à la hauteur des ponts et à l'écartement de leurs piles. Ils s'en allaient ainsi à la dérive, montés par deux pilotes, à destination de Montmélian, le Grésivaudan, Grenoble, après un voyage souvent mouvementé et dont l'issue demeurait toujours un problème [1].

A l'Hôpital même, le diguement s'effectua de 1829 à 1840. Sur la rive droite, il installa une digue enrochée et rectiligne depuis

---

[1] Un moment supendus pendant les premiers travaux du diguement, le flottage et la navigation par radeaux furent de nouveau autorisés le 28 janvier 1834 sur l'Arly et ses affluents, puis étendus sur l'Isère, à la grande satisfaction des régions de Beaufort, Flumet, la Giettaz et de l'Hôpital. De 1834 à 1840, l'Isère transporta annuellement 567 radeaux d'un tonnage moyen de 20 tonnes chacun; plus de 1.000, de 1840 à 1850; de 1850 à 1860, on compte une augmentation annuelle de 180; de 1860 à 1877, il y a stationnement. Au lendemain de 1877, ce mode de transport tomba brusquement à 130 radeaux, puis à quelques convois isolés de bois en grume, convertis à l'arrivée en bois de chauffage. Et dès 1880, c'était la mort; la concurrence du chemin de fer de Saint-Pierre-d'Albigny à Albertville, en 1876, avait tué le radeau. D'autre part, l'exhaussement du lit endigué de l'Isère, rétrécissant le passage des radeaux entre le plan d'eau et le tablier des ponts, s'y était bien employé. Il obligeait à réduire considérablement la charge, sous peine de l'exposer à se butter contre les piles ou se coincer dans les arches, sans préjudice pour les pertes humaines, les avaries aux ponts et les dépenses pour les travaux de dégagement,

le pont actuel du chemin de fer jusqu'au pont de l'Arly (rue Bugeaud). Sur la rive gauche, s'appuyant aux affleurements rocheux de quartzites très durs, suffisamment défendus par leur propre résistance, il se contenta de mettre la digue à leur alignement en protégeant simplement les atterrissements alluviaux en aval des Adoubes et à l'extrême pointe de la plaine de Conflans qui forme l'angle de confluence. Elle garantissait ainsi le canal dit de la Fonderie, un peu en retrait, au pied du versant de Conflans et qui assurait la force motrice aux moulins, à une scierie, à la Fonderie, toute une série échelonnée d' « artifices » divers. Mais la partie en amont du pont demeurait découverte et la ville exposée aux divagations du torrent à la sortie de son défilé. D'autant que la route basse d'Ugine, descendue du gradin de Pallud dès 1817 peut-être, avait subi déjà bien des avaries, notamment aux inondations de 1821, 1823, 1824 et 1825. C'est pourquoi le Conseil de la ville demanda et obtint la prolongation de la digue droite en amont. Ce fut chose faite en 1844, pour une dépense de 38.731 francs. Le rechargement des enrochements de la digue, par suite de l'exhaussment du lit, comme d'ailleurs sur tout le parcours de l'endiguement de l'Isère jusqu'au Bréda, dut être entrepris à trois reprises : en 1848, en 1852 et en 1858. Désormais, l'Arly était bien stabilisé et la ville en parfaite sécurité [1].

Avec la sécurité, elle y gagna une large bordure, conquise sur les « délaissés » de son torrent. Ce terrain vague, convenablement nivelé, puis planté d'arbres, se trouva être un quai somptueux. Et quand le flottage et les radeaux l'eurent abandonné, il se transforma en une coquette esplanade où, en amont du pont actuel, on devait trouver place pour le champ de foire, tandis qu'en aval allaient s'aligner en une belle ordonnance, coupée de places, de squares et d'avenues, l'hôtel de ville, les prisons, les casernes et le champ de Mars. Transformation totale, qui va donner à la ville un tout autre caractère.

---

[1] M. Mougin, Les Torrents de la Savoie, l'Arly, p. 839-853.

QUATRIÈME PARTIE

ALBERT-VILLE

Le diguement devait ainsi gratifier la ville d'une façade nouvelle tout au long de sa rivière, jusque-là hostile et à laquelle, sauf en l'espace restreint de l'avenue du Pont d'où lui venait la vie, elle avait constamment et résolument tourné le dos. Elle était désormais, bien mieux qu'au temps de ses franchises du Moyen Age, qualifiée pour redevenir la Ville Neuve. Créée de toutes pièces et à peu près constituée dès 1828, très fière de ses agrandissements où s'installent au large ses 1.720 habitants, sans compter l'appoint de ses voisins, Saint-Sigismond et Conflans, devenus ses satellites, elle éprouve le besoin de rajeunir son état civil. Plus fortement qu'en 1817, son vieux nom de l'Hôpital lui déplaît : il évoque un passé qui n'est plus, oblitéré par les incendies, transformé et fondu dans les apports nouveaux. Il prête à une confusion peu flatteuse; il est peu décoratif; il manque de lustre. Au vin nouveau il faut des outres neuves. On reprendra la tentative de 1817 et, pour rester dans la tradition bien savoyarde, on fera un brin de cour à l'autorité. Le nouveau roi, Charles-Albert (1830-49), dans toute l'ardeur de sa jeune popularité, s'y prêtera avec la plus grande bienveillance. De son nom, l'Hôpital devient Albertville, le 19 décembre 1835, pour prendre date le 1er janvier 1836. Le plus intéressant de la mutation pour l'Hôpital fut que, sous couleur de ménager la susceptibilité et les intérêts de Conflans et lui faire croire que la mesure ne pouvait pas le desservir, elle supprima les deux communes pour les fondre en une seule. C'était tuer l'individualité administrative de Conflans pour en étayer une nouvelle, paravent et simple camouflage de l'Hôpital. Personne ne s'y méprit.

Conflans éleva de vaines protestations et s'obstina, jusqu'à nos jours, sous l'espèce d'une section municipale, à revendiquer, avec ses traditions, le simulacre de sa personnalité. L'Hôpital triomphait. Le titre d'Albertville qu'il se réservait exclusivement, avec l'assentiment de toute la région, avait satisfait sa vanité et surtout ses affaires. Au surplus, le texte du décret devait dissiper toute équivoque :

« Charles-Albert, par la grâce de Dieu roi de Sardaigne... duc de Savoie, etc. Dans l'intérêt réciproque des deux villes de Conflans et de l'Hôpital, il a été reconnu que leur réunion en un seul corps de communauté sera pour leurs habitants respectifs une source d'avantages d'autant plus précieux qu'ils leur sont offerts par la nature même des lieux. Mû par le désir de procurer aux deux villes susdites les bienfaits d'une réunion que l'on doit apprécier également sous le rapport des moyens qu'elle fournit de resserrer de mieux en mieux les liaisons de bon voisinage entre leurs habitants, de centraliser la marche de l'administration et d'alléger considérablement les frais du service local, nous avons bien voulu, en agréant cet utile projet, rehausser l'illustration du nouveau corps de ville que nous créons, en le décorant du titre d'Albert-Ville ; à ces causes, par les présentes, de notre certaine science et autorité royale, eu sur ce l'avis de notre conseil, nous avons ordonné et ordonnons : 1° A dater du 1er janvier 1836, les communes de Conflans et l'Hôpital seront supprimées et seront considérées comme ne formant plus qu'une seule ville qui prendra le nom d'Albert-Ville... Mandons, etc... ; car telle est notre volonté. Turin, ce 19 décembre de l'an de grâce 1835 et de notre règne le 5e. Charles-Albert[1]. »

---

[1] Invent. des Archives de Conflans et l'Hôpital, par M. G. Pérouse, p. 4. — L'arrêté comporte 10 articles d'un intérêt purement fiscal et administratif.

I. — Albertville, de 1835 à 1860.

Avec le monopole des avantages physiques et économiques et celui, non négligeable, des faveurs administratives, Albertville va s'organiser, se développer et tenir les promesses de sa qualité de carrefour régional et de chef-lieu de province. Sa population poursuit, un peu ralentie, son ascension régulière : 3.294, avec Conflans, en 1828; 3.406 en 1838; 3.801 en 1848; 4.018 en 1861; 4.398 en 1872. Le gain décennal de 400 habitants de 1838 à 1848 est particulièrement remarquable et c'est précisément la période contemporaine du diguement de l'Arly et de l'Isère, du flottage et des radeaux, et de l'énorme main-d'œuvre qu'ils attirèrent et fixèrent à Albertville. Malheureusement, les documents qui pourraient justifier cette poussée continue sont rares et sans caractère à mesure qu'ils se font plus contemporains. Ils n'ont presque exclusivement qu'un intérêt municipal. On y surprend sans cesse la ville à s'occuper de ses agrandissements, de sa bonne tenue, de sa voirie, de parades, de sociétés et fêtes locales. En un mot, elle fait l'effet d'une personne jeune et satisfaite, assurée de vivre, allégée de toute menace et qui songe davantage à sa toilette qu'à son garde-manger.

Ce ne sera plus qu'une revue chronologique et sans lien, un simple glanage qui ne saura que projeter de pâles lueurs sur la vie économique de la ville [1].

Dès 1843, toutes les places sont si bien prises que, pour récupérer ses bâtiments municipaux, Albertville est obligée de « transférer rière la section de Conflans son détachement militaire, dans une caserne appartenant au gouvernement ». En 1844, elle se trouve assez d'importance pour entreprendre la construction d'un collège régional. Elle double et porte à

[1] Pour toute cette période (1815-1860), cf. F. S., Affaires communales : Albertville, 1 et 2.

800 francs la taxe de l'éclairage de ses rues. Ce n'était pas suffisant, car, en 1850, il fallut acheter « de nouveaux réverbères pour l'éclairage de certaines rues et quartiers » et, en 1851, on proposait l'essai du *gaze*. En 1844, le personnel des fonctionnaires municipaux accuse 28 membres, y compris le personnel enseignant. 1845 voit consolider les digues de l'Arly, préside à l'installation d'un tribunal, à des travaux d'adduction d'eau potable pour suppléer à l'insuffisance des puits, citernes du bourg, « du ruisseau au sommet d'icelui », autant qu'à l'éloignement des eaux de l'Arly. C'est que, même troubles, elles n'ont jamais rebuté les gens, tant un vieux préjugé, disparu seulement sous le coup des pollutions des usines, les a sacrées « bien brassées, aérées, digestes et bienfaisantes ». « Mais alors, la ville étant fort augmentée, beaucoup de gens en sont trop éloignés. »

Le 8 août 1846, pour 5.390 livres, dont 1.600 à supporter par la province à titre de concours, la ville est autorisée à procéder « à la réfection du pavage dans la traversée de la ville qui sert de route provinciale d'Annecy à Moûtiers ». L'entreprise est urgente, car « elle est demandée par toute la population et par les étrangers qui la traversent, et il y a même, je vous dirai, du danger tant pour les piétons que pour les voitures de les voir à chaque instant renverser ».

En 1849, on aménage l'emplacement des futures prisons centrales. Et aussitôt on pratique l'ouverture d'une nouvelle rue d'accès aux prisons. On vend « matériaux de démolition, bois de treillage, pieds d'arbre, terre végétale existants sur le sol à occuper par la rue. Le tracé en est marqué par l'établissement d'une clôture convenable en bois, qui délimite l'alignement des constructions à établir sur cette rue, avec pavé et gravelage, promettant une viabilité solide et régulière pour les gens à pied et pour les voitures ».

Pour la conduite de tous ces travaux, il faut la présence d'un « architecte de ville », dont la nomination est demandée en 1850; le même qui déterminera le nombre des réverbères à acheter pour l'éclairage suffisant de certaines rues et quartiers nouveaux.

La population scolaire a, de ce fait, augmenté elle aussi. On songe à créer à son usage une école supérieure, à trois années, avec direction confiée aux Frères de la Croix.

On ouvre le canal de la Papeterie et, en attendant la construction définitive de la rue des Prisons, on accense en quatre lots le terrain non occupé. En 1851 apparaît une nouvelle Grenette ou marché couvert aux grains.

La réfection des voies d'accès. — Beaucoup plus importante pour l'avenir de la ville est la réfection de ses voies d'accès. Le Pont-Neuf, sur l'Arly, contemporain du diguement, remplace, vers 1840, le vieux pont de la rue Bugeaud, si souvent malmené par la rivière et menacé depuis longtemps par une foule de projets qui en demandaient le déplacement vers l'aval et la consolidation. A son débouché s'ouvre la rue Neuve (Gambetta) qui le relie à la ville.

Plus loin, en 1852, Albertville assure la commodité de ses relations avec la rive gauche de la Combe de Savoie, en jetant un pont « en charpente » sur l'Isère, à 400 mètres en aval du confluent de l'Arly. C'est le pont *d'* « *Albertin* »; il remplaça définitivement l'antique pont de la Chaîne, des Chèvres ou de Rhonne, essentiellement précaire, à la merci de toutes les crues et divagations de son cours d'eau. Ses intérim avaient été assurés par un bac tout aussi trébuchant, paralysé par les maigres et les grosses eaux et plus souvent encore emporté à la dérive en compagnie des roues à palettes des Salines ou de la Fonderie. Sainte-Hélène-des-Millières et Bonvillard refusent de participer aux dépenses. Il est prévu que ces dernières seront en partie couvertes par les revenus du péage du bac, affermé en 1844 au sieur *Albertin*[1] Michel à raison de 1.582 fr. 50 pour trois trimestres. Revenus purement illusoires, ce qui prouve que le rendement valait le fonctionnement et l'utilisation et motivait l'op-

---

[1] D'où, vraisemblablement, le nom encore actuel du pont, en souvenir du malheureux passeur déconfit.

position des communes intéressées, car le fermier, dès 1845, se trouvait dans « un tel état de déconfiture qu'il est bien à craindre que la somme dont il est débiteur ne puisse être recouvrée, son mobilier est vendu, ses immeubles en subhastation ».

L'étoile de routes est désormais parachevée et deux ponts, l'un sur l'Arly, l'autre sur l'Isère, suffisent à tourner l'obstacle des rivières. Les « croisées » et leurs avenues dans la ville sont l'objet de soins particuliers à seule fin d'y faciliter la circulation. En 1858, on aménage, aux Adoubes, la place Charles-Albert, carrefour de trois routes (Beaufort, Conflans et Moûtiers) et tête du Pont-Neuf. La même année voit s'aligner le long de la Grande-Rue (République) des « trottoirs réguliers » qui sont « non seulement un luxe d'embellissement frivole, mais bien une amélioration et une utilité intéressant toute la population ».

C'est par là que s'opère le redressement des artères principales d'Albertville : la Grande-Rue détrône d'abord la rue du Pont ou Bugeaud, puis bientôt celle du Pont-Neuf ou Gambetta. Tirée sur l'alignement de la route nouvelle ou simplement rectifiée, le « novau chemin » de 1763, la route de Chambéry vers Annecy et le Faucigny par Ugine, elle va, en raison même de son ouverture large et rectiligne, attirer la plupart des constructions nouvelles, les grands magasins modernes, le gros flot de la circulation intérieure et transitaire. Judicieusement fixée au milieu de la plaine, elle évitera de perdre le contact avec la rivière sur laquelle elle détachera cinq avenues parallèles; pas plus qu'avec Saint-Sigismond qui se poussera vers elle en une soudure de plus en plus élargie et compacte. Vers l'aval, elle pourra se prolonger indéfiniment, sur la route plane de Chambéry, en une rue d'attente qui retrouvera bientôt ce que le crochet supprimé de Gilly lui a fait perdre. En 1876, la gare viendra s'installer sur ses abords. Elle y fera naître un quartier tout neuf d'hôtels, de magasins et d'entrepôts, dont la route, sous le nom d'avenue Victor-Hugo, assurera la liaison en attendant la soudure effective et toute récente avec l'agglomération urbaine. Le caractère de cette dernière en sera tout modifié. Désormais et notamment depuis la création de la ligne de Moûtiers, en 1892, le pont de l'Arly n'a plus l'importance capitale qu'il présentait pour l'Hôpital. *Albertville a cessé d'être une tête de pont pour se muer de plus en plus en une ville de débouchés alpestres et de carrefour de vallées.* Le pont n'est plus qu'un accessoire pour la ville, vital seulement pour la banlieue de la rive gauche, la « Section de Conflans », le Val Saint-Maxime et la clientèle très réduite des piétons de la Basse-Tarentaise, pour le roulage fort restreint et pour l'automobilisme intensifié par les usines.

Les diligences. — De toutes ces routes convergentes, la plus fréquentée, la mieux entretenue, celle qui présente la « viabilité la plus solide et la plus régulière » c'est, sans conteste, la route provinciale de Chambéry à Moûtiers. C'est celle qu'anime le service quotidien des diligences [1] publiques et privées, soumises aux règlements sévères et très compliqués de 1835 et 1846. Elle est jalonnée des relais de Montmélian, Saint-Pierre-d'Albigny, Frontenex, Albertville et La Roche-de-Cevins. Tous se sont doublés d'installations hôtelières, en même temps que salles d'attente et de consigne, à l'usage des voyageurs et de leurs bagages. Depuis longtemps, Albertville les dépasse tous. L'importance de sa population et de ses vallées affluentes en fait le relais de départ et d'arrivée du gros de la clientèle. Celle-ci, d'ailleurs, n'abonde pas; les déplacements sont rares, en dehors des gens d'affaires de la ville, quelques fonctionnaires et bourgeois, les émigrés, les « hirondelles d'hiver », les revenants de Paris. Les transports lourds et peu pressés sont assurés par le roulage. Les milieux ruraux ne se déplacent que pour fréquenter foires et marchés, les plus proches possibles parce qu'on va en groupes, par villages, toujours à pied, mode de locomotion imposé par la conduite du bétail.

Au surplus, les possibilités des diligences sont plus que limi-

[1] En 1850, de Chambéry à Moûtiers, la durée du trajet est de 7 heures avec départs quotidiens de Chambéry à 15 heures, de Moûtiers à 3 h. 1/2.

tées. La voiture de François Martin qui, en 1850, fait le service de Chambéry à Albertville, et dénommée « la Coureuse », pèse 970 kilogrammes, peut recevoir 9 voyageurs avec 15 kilogrammes de bagages chacun, soit un poids total d'environ 1.750 kilogrammes, qu'elle ne doit pas excéder, moyennant quoi, « étant solidement et soigneusement construite, elle peut être admise en circulation » sur autorisation du jury d'expertise.

Le 21 novembre 1851 voit apparaître une grosse innovation. Claude Dubettier, d'Ugine, obtient la concession d'un service public de Moûtiers à La Balme (près Yenne, sur le Rhône, à la frontière française) avec correspondance pour Paris. Il assurera le service avec des « Berlines parisiennes, dites les Inversables », sans doute des laissés-pour-compte des Messageries de Paris, des « Laffites » usagées, quelques « Corbillards » de Corbeil ou de la banlieue parisienne, ou autres malles démodées et détrônées par les chemins de fer français. Les frais énormes de la traction de ces monstres roulants sur les rampes fort déclives de la route provinciale, toute jalonnée de cônes de déjections sur la rive droite de l'Isère, joints à la multiplicité des services rivaux, ne laissèrent pas longue vie aux Inversables. Leur service, commencé en janvier 1852, se morfondait, le 26 octobre suivant, en une déconfiture complète. Toutefois, ce n'est pas sans regret que le public vit ces éphémères Parisiennes prendre une retraite précipitée autant que définitive, car « elles paraissaient toutes assez bien; on se louait beaucoup des manières polies des conducteurs; les voitures étant bien construites et solides ».

Entre autres rivales, Albertville leur opposait, en 1851, des Parisiennes non déclassées, très authentiques : le service des Voitures Publiques, de Savoie à Paris, exactement d'Albertville à Paris, des frères Dufour. Elles comptaient 14 places en tout, dont 2 sur l'impériale. Leur poids excédait 3.500 kilogrammes et leur traction nécessitait un attelage de 6 chevaux, avec 2 postillons, et des relais maxima de 24 kilomètres.

Entre ces grands services réguliers, à long cours, donc à

départs forcément très espacés, il y avait place pour divers services privés quotidiens. En 1852, celui du sieur Guérin (Pierre), maître de poste à Moûtiers, pour Moûtiers-Chambéry. Il présente, comme caution de la somme à verser au Trésor, « un nommé Donnet, maître d'hôtel à Albertville, personne d'une fortune considérable..., garantissant les valeurs qui pourraient être confiées à la voiture du postulant » de la concession.

Il faut relever encore trois autres soumissions de 1853 à 1857. L'opération paraît avoir été fructueuse, car on y voit se perpétuer de véritables dynasties. Cependant, les charges sont lourdes. En 1854, un postulant est agréé parce qu'il est « reconnu suffisamment solvable... avec toutes garanties pour l'exactitude, la probité, la sûreté du service... pour tous les transports des voyageurs et des effets qui en seront la conséquence,... pour les droits à payer au gouvernement et les intérêts qui pourraient compéter à des tiers ».

Mais à partir de 1856, le chemin de fer de Victor-Emmanuel, le V.-E., a atteint Montmélian. Il assure, depuis Chambéry, un service à peu près régulier et qui dispensera désormais les diligences d'Albertville d'aller jusqu'à la capitale du duché. En 1858, il pénètre en Maurienne, à Aiguebelle, après s'être imprudemment risqué tout au long de la rive gauche de l'Isère et de l'Arc inférieur, dans leur plaine alluviale mal drainée et encore plus mal défendue par des digues que l'inondation générale du 1er novembre 1859 soumettra à une rude épreuve. Elle y ouvrira sept brèches qui occasionneront autant de morsures au ballast de la nouvelle voie. C'est cette incertitude qui, de 1856 à 1876, maintiendra à Montmélian, et non pas à Saint-Pierre-d'Albigny, le point terminus des diligences d'Albertville.

Au reste, l'heure du déclin a sonné pour les diligences. Leurs jours sont comptés; elles perdent la confiance. On ne leur ménage pas les critiques, on ne leur passe rien, et le rail, qui se faufile par étapes et remonte les vallées de l'Isère et de l'Arc, leur fait découvrir tous les défauts. En 1860, la diligence d'Albertville « a toujours du retard au départ; et, pour se disculper, le maître de poste met ce retard sur le compte du train », qu'il est obligé d'attendre [1].

Mais l'annexion à la France est venue avec ses promesses, ses espoirs. La politique transalpine de l'Empire et les exigences de la jeune sœur latine, l'Italie, en mal d'unification, concentreront sur la Maurienne et le tunnel du Fréjus à Modane toutes les disponibilités ferroviaires. Albertville devra attendre sa ligne jusqu'en 1876. C'est un sursis de 16 ans accordé à ses diligences dont on avait escompté trop tôt la déchéance et la retraite vers Moûtiers.

II. — **Albertville après l'annexion.**

L'annexion ne changea rien à Albertville, pas même la progression de sa population. Elle ne fit que transformer son titre de chef-lieu de la province de Haute-Savoie en celui de sous-préfecture et chef-lieu de l'arrondissement d'Albertville, l'un des quatre du département de la Savoie et le plus petit [2]. L'ensemble de ses quatre cantons : Albertville, Beaufort, Ugine et Grésy, est du moins assez bien délimité géographiquement. Avec Ugine, il embrasse tout le val d'Arly jusqu'à Mégève et au Mont Joly, sauf la cluse de la Chaise vers Faverges. Avec Grésy, il descend jusqu'au défilé élargi par le surcreusement glaciaire entre Grésy et Bonvillard, vraie limite géographique qui sépare nettement les deux bassins dilatés de la Combe de Savoie. Beaufort lui donne le bassin tout entier de son Doron. Albertville elle-même déborde largement la patte d'oie de son carrefour : Gilly et Marthod marquent ses limites dans la dépression subalpine, tandis qu'elle remonte la Basse-Tarentaise jusqu'au défilé de Notre-Dame-de-Briançon, à l'exclusion du bassin d'Aigueblanche qui précède la cuve de Moûtiers.

Au total, son arrondissement c'est exactement toute sa sphère

---

[1] Cf. Fonds Sarde : Voitures et Diligences (566 à 571).

[2] 42 communes et 34.853 habitants en 1911, contre 56 et 33.873 à Moûtiers, 68 et 51.084 à Saint-Jean-de-Maurienne, 164 et 128.080 à Chambéry.

d'attraction, le domaine de ses dépendances, celui de la clientèle de ses foires et marchés; sa zone d'influence d'hier et d'aujourd'hui, historique autant que géographique.

La ville semble tout d'abord s'être préoccupée de se mettre à l'alignement de toutes les sous-préfectures, d'en revêtir la livrée. Après avoir prêté quelque attention à de menus travaux de réfection et de rechargement des digues de l'Arly, elle s'appliqua à se donner, de 1862 à 1872, un hôtel de ville digne d'elle ainsi que, comme il convenait, un palais de justice. Puis, reprise par la tyrannie des réalités, elle dut songer à ses besoins en eau potable : multiplier les citernes en 1863, entreprendre des travaux d'adduction de 1864 à 1872, égrener les fontaines tout au long de ses rues, avec des lavoirs publics pudiquement et savamment dissimulés, en 1869. Les travaux communaux, divers autant qu'indispensables, ne chômèrent plus, comme il convient à une jeune capitale provinciale qui se pique d'être moderne et plaisante et à qui une évolution rapide fait chaque jour découvrir des besoins nouveaux.

Population (1860-1921). — La population, en effet, devait poursuivre sa marche ascendante, et les recensements quinquennaux, à la française, permettront désormais de fixer toutes les oscillations de sa courbe.

Mouvement de la population (1801-1921).

	1801	1818	1828	1838	1848	1861	1866	1872	1876	1886	1896	1906	1911	192
Albertville et St-Sigismond	2.242	»	3.822	3.948	4.353	4.458	4.918	4.860	5.272	6.029	7.023	7.064	7.071	6.55
Albertville	1.945	2.360	3.294	3.406	3.801	4.018	4.430	4.398	4.750	5.460	6.371	6.364	6.276	5.65
Population comptée à part	»	»	»	»	»	»	533	625	823	1.252	1.675	1.562	1.489	50
Garnison...... ..	»	»	»	»	»	»	176	166	»	6[illegible]0	1.296	1.315	1.257	9
Conflans-bourg...	»	»	»	»	»	496	»	470	465	443	456	452	424	37
Conflans-plaine ..	»	»	»	»	»	112	»	152	162	203	283	273	294	34
Saint-Sigismond..	277	»	528	542	552	440	488	462	522	569	652	700	795	89

Le recensement municipal, très détaillé et par professions, de 1866, a l'avantage de présenter comme une photographie très exacte de l'état des affaires de la ville au lendemain de l'annexion. Sur un total général de 4.430, dont 176 hommes composant la garnison, c'est-à-dire, en définitive, sur 4.254 habitants, 1.442 dont 59 domestiques vivent de la culture : toute la banlieue rurale et montagneuse de Conflans, avec sa plaine et celle d'Albertville ; 53 de l'industrie textile, 8 de l'industrie extractive, 24 de celle du bois (scieries, etc.), 18 de la céramique (briqueterie, tuilerie et poterie), 321 du bâtiment, 8 de l'éclairage, 15 de l'ameublement, 314 de l'habillement, 313 du commerce, de l'industrie hôtelière et de l'alimentation, 47 des transports, 61 de la charronnerie, 174 de métiers divers, 17 de l'imprimerie, 8 de l'orfèvrerie, 6 rémouleurs, 2 ciriers, 61 marchands divers, 143 vivent des professions libérales, 35 dont 4 médecins représentent le personnel sanitaire, 38 celui de l'enseignement. En résumé, c'est un décompte de 1.442 individus pour la culture, 1.369 pour l'industrie, 271 pour le commerce, 23 pour des professions non spécifiées, 470 pour les professions libérales, 31 ecclésiastiques et 29 religieuses, 619 sans profession.

En réalité, la concurrence française, désentravée au lendemain de l'annexion par la suppression de la barrière douanière, ne servit pas tout d'abord les intérêts savoyards ni ceux d'Albertville en particulier. La ville y perdit sa qualité de centre d'affaires et de petite capitale régionale. L'émigration en France y reprit un léger regain. Les affaires s'en ressentirent, de même que sa population. Cependant, le mouvement d'ascension se ressaisit dès 1866 avec un gain de 412 habitants sur 1861. La guerre de 1870-71 le ralentit brusquement, comme partout. Aussi le recensement de 1872 marque-t-il un palier, accentué d'un léger fléchissement, qui se traduit par une perte de 32 unités. Ce n'en est même pas une si l'on songe que les événements ont dû réduire considérablement la garnison et que l'armée, à la veille de la nouvelle loi militaire de cinq ans et du volontariat, est en pleine réorganisation. Mais l'ascension reprend aussitôt et plus vigoureuse que jamais : de 1872 à 1876, c'est un gain de 352; 336 en 1881, 374 en 1886. De 1886 à *1896,* c'est un bond de *911,* l'équivalent de l'acquisition d'une grosse commune rurale.

L'écart avec 1872 est de 1.973; il est de 2.163 si on l'étend à toute l'agglomération albertvilloise, Saint-Sigismond compris.

Les vingt-cinq premières années de la période républicaine ont donc été des plus favorables à Albertville. Il faut l'imputer essentiellement au *rail,* au fait que la ville est reliée depuis 1876 et très heureusement par un court embranchement de 25 kilomètres à la grande ligne internationale à Saint-Pierre-d'Albigny. En 1892, il remonte jusqu'à Moûtiers. Les arrivages se font aisément; les produits de la montagne ont un écoulement assuré et rapide. Les « artifices » se multiplient, en attendant la grande industrie hydraulique dont Césarches, en 1895, au débouché du gradin de confluence de Venthon, fait un essai très réussi en utilisant ses eaux pour actionner la papeterie Aubry.

Ce sont pareillement ces lignes qui provoquent l'afflux d'une énorme main-d'œuvre, en grande majorité transalpine et piémontaise, que nécessitent leur installation, leurs travaux de terrassement et leurs travaux d'art[1]. Une bonne partie se fixe provisoirement à Albertville et dans les vieux garnis de Conflans : grosses équipes volantes et éphémères qui n'y séjournent que pendant la durée des travaux. Les recensements contemporains accusent le respectable chiffre de 483 étrangers en 1891, sur la fin de la création de la ligne de Moûtiers, 586 en 1896 et 463 en 1901, pendant les travaux de la ligne d'Albertville à Ugine-Annecy. Ceux qui ne travaillent pas à la construction de la ligne sont occupés à celle de la gare et du quartier qui s'installe rapidement aux abords : hôtels, magasins, entrepôts; toute l'avenue

[1] En particulier l'ouverture du tunnel de 700 mètres de l'église d'Albertville au bassin de Thénesol à travers l'éperon de schiste liasique du gradin de confluence de Pallud. Il permet de tendre et de raccourcir la ligne et lui évite de mordre sur la plaine amont d'Albertville où la ville est déjà trop à l'étroit et où l'expropriation des terrains bâtis, vignobles ou maraîchers eût été excessivement onéreuse.

Victor-Hugo. Né avec la gare, en 1876, ce quartier compte 104 habitants en 1886. En 1911, avec ses 230 (239 en 1921), il fait corps avec la ville et lui a totalement annexé la gare.

Les voies ferrées n'expliquent pas entièrement la vigoureuse poussée de 1872 à 1896. La part de la population comptée à part, et spécialement de la *garnison*, est beaucoup plus décisive, parce que plus considérable et surtout beaucoup mieux déterminée. Les 166 hommes de troupe de 1872 passent à 610 en 1886, à 1.296 en 1896. Elle n'était que 1/5 de la population comptée à part en 1872; elle en représente la 1/2 en 1886, les 3/4 en 1896; elle en sera les 6/7 en 1911. Et par rapport à la population totale, la proportion était de 1/26 en 1872, 1/9 en 1886, environ 1/5 en 1896, c'est-à-dire un militaire sur cinq habitants.

Brusquement, en 1901, cette belle poussée continue subit un temps d'arrêt. De 6.371 en 1896, la population tombe à 6.164 en 1901. C'est plus qu'un palier; c'est un fléchissement net, un déchet de 207 unités, d'autant plus grave que la courbe sera désormais hésitante. Le redressement se fait péniblement avec 6.364 en 1906, mais pour retomber à 6.276 en 1911 [1]. Le décompte comparé des recensements de 1896, 1901, 1906 et 1911 justifiera amplement cette surprise et cette déception. La population agglomérée tient partout le coup et ne connaît pas la baisse : 3.485, 3.514, 3.540, 3.595; elle est donc hors de cause. Par contre, la population éparse donne une courbe qui reflète bien celle des totaux : 1.211, 1.066, 1.232, 1.192; celle comptée à part pareillement la serre de près : 1.675, 1.564, 1.562, 1.489. Ainsi le déchet de 207 unités de 1896 à 1901 s'explique et au delà par celui des

---

[1] Le fléchissement énorme de 1921, 5.657, n'est heureusement qu'apparent et ne porte en réalité que sur la garnison réduite de 1.257 en 1911 à 96 en 1921. Il n'est, pour s'en convaincre, qu'à opposer les deux recensements délestés du chiffre de leur garnison respective. 1911 donne les résultats suivants : 6.276 moins 1.257 = 5.019; 1921 : 5.657 moins 96 = 5.561. La différence : 5.561 moins 5.019 accuse pour 1921 un gain de 542 habitants pour la population municipale. Il convient de lui adjoindre les 101 de Saint-Sigismond ; soit, pour toute l'agglomération albertvilloise, 643 unités de plus qu'en 1911, presque l'équivalent de la période de croissance maxima : 64 habitants par an.

145 de la population éparse, joints aux 111 de celle comptée à part, soit un total de 256, très imparfaitement racheté par le faible accroissement de la population agglomérée. Enfin, le fléchissement de 1911 par rapport à 1906 (88 habitants), malgré le gain de 55 unités au compte de la ville, est imputable à la population éparse qui en perd 40, aux hôtes du Pénitencier militaire et de la Maison centrale réduits de 488 en 1886 à 144 en 1911, à la garnison réduite de 58 hommes, aux pensionnats et écoles qui perdent 26 élèves. Au même temps, le nombre des étrangers, de 586 en 1896, descend progressivement à 463 en 1901, à 430 en 1906, pour se relever modestement à 445 en 1911.

Somme toute, c'est bien, avec la population éparse, l'élément le plus affecté par la baisse, mais un élément d'occasion, sans racine et étranger à la vie de la ville, et qui s'en écartera dès que son gagne-pain ne l'y attachera plus. En effet, le recensement de 1901 est du mois de mars. La ligne d'Albertville-Ugine-Annecy devait s'ouvrir le 3 juin suivant. C'est dire que les grands travaux étaient terminés, en particulier les terrassements et le tunnel, et leur grosse équipe ouvrière dispersée. Il est permis de croire qu'une partie s'était fixée provisoirement, au cours des travaux, à Césarches, qui passe de 232 en 1886 à 357 en 1896 et qu'un grand nombre y aura été retenu, 341 en 1901, 354 en 1906, par la papeterie Aubry, muée d'abord en usine d'aluminium, puis en aciérie.

Le surplus semble s'être attardé à Saint-Sigismond, car il est remarquable que ce faubourg d'Albertville, décidément incorporé de fait à la ville par le trait d'union de la gare et de l'avenue Victor-Hugo, n'ait jamais fléchi et que ses gains réguliers aient valu au groupe albertvillois, sauf la passagère éclipse de 1901, de lui assurer une progression ralentie mais continue, notamment celui de ses 95 unités en 1911, 101 en 1921.

En tout cas, il reste acquis que le groupe se maintient autour de 7.000 habitants et qu'il ne connaît plus les poussées du quart de siècle écoulé. A-t-il atteint la limite de ses disponibilités, son point de saturation, ou faut-il invoquer un fait nouveau qui nous fasse découvrir le déplacement quelque part, à proximité, des gains auxquels nous ont habitués les recensements de plus d'un siècle? C'est *Ugine* qui draine à lui ce qu'Albertville ne sait ou ne peut plus retenir.

Sa destinée va être dès lors étroitement liée à celle d'Albertville. Gros bourg et marché agricole, il est perché sur un gradin de confluence tout comme Conflans, au carrefour du Haut-Arly et de la cluse de Faverges. Les Fontaines, ancienne étape et site hôtelier sur la route du sel, aujourd'hui le bourg passager et industriel, y donnent la réplique à Albertville. Au total, bourg de défilé, il égrène ses nombreux villages de replats, du soleil et du vignoble, à l'écart de la Chaise sénile et marécageuse, mais bien plus encore de l'Arly, encaissé, fougueux et hostile, d'où lui viendra cependant sa brillante et toute récente ascension. Sa population, au cours du dernier siècle, suit toutes les oscillations des agglomérations rurales : 2.091 en 1801, 2.523 en 1861, 2.690 en 1876, l'année du maximum dans toute la Savoie, 2.014 en 1896. Puis c'est le relèvement brusque, coïncidant avec l'apparition de la voie ferrée, en 1901. Elle décidera de sa vocation industrielle, car la mise en œuvre de l'énorme potentiel hydraulique de ses gorges de l'Arly, par une remarquable et bienfaisante initiative individuelle, lui est postérieure de peu, il est vrai, mais subordonnée. C'est alors précisément que débute la série régulière de ses bonds impressionnants : 2.325 en 1901, 2.558 en 1906, 3.346 en 1911, 5.800 en 1916, 7.200 en 1918, 6.480 en 1919, environ 6.000 en 1920, après la démobilisation, mais 3.793 en 1921. En un mot, c'est toute l'allure de la ville champignon et une croissance qu'Albertville même n'a jamais connue et qui a sûrement porté ombrage et préjudice, dès 1901, au mouvement ascendant de sa population. Nous verrons clairement plus loin dans quels sens divers s'exercera sur Albertville l'influence de cet astre naissant.

Et pour illustrer davantage la répercussion de ces accroissements urbains sur la population régionale et déterminer à quel point ils compensèrent les fléchissements des groupements ru-

Fig. 3. — ALBERTVILLE,
d'après le plan F. Meffret (1911).

raux, il ne sera pas inutile de donner le tableau comparé des recensements cantonaux de l'arrondissement, c'est-à-dire de la zone restreinte où certainement se sont alimentées en grande partie les progressions relayées d'Albertville et d'Ugine.

Population des cantons de l'arrondissement.

CANTONS	1861	1872	1876	1886	1896	1901	1906	1911
Albertville...........	14.468	14.819	15.304	15.696	16.523	16.094	16.086	15.922
Grésy-sur-Isère......	7.938	7.878	8.089	7.914	7.024	6.626	6.420	6.059
Beaufort............	6.187	6.069	6.071	5.939	5.655	5.454	5.359	5.419
Ugine...............	6.815	7.070	6.900	6.968	6.467	6.665	6.961	7.453
Totaux......	35.408	35.836	36.364	36.517	35.669	34.839	34.826	34.853

Le commentaire du tableau est des plus concluants : Grésy, qui n'est que rural et agricole, fléchit sans arrêt depuis 1876. Beaufort fait de même, mais l'apparition du tourisme et de l'industrie hydraulique lui imprime déjà un léger relèvement en 1911. Albertville et Ugine suivent très fidèlement la courbe de leur chef-lieu, et celle des totaux est celle-là même d'Albertville, à part le maximum rural de 1876 et le léger mais sensible correctif d'Ugine, manifeste même dès 1901 et incontestable en 1911.

III. — Albertville aujourd'hui.

Évolution topographique.

Les 7.071 habitants de l'agglomération du confluent en 1911 représentent, à cette date, le terme d'une évolution économique et démographique remarquablement continue et progressive. Elle l'apparaîtrait davantage si ce chiffre se pouvait délester de la part de Conflans et de sa banlieue rurale et montagneuse, 818 habitants. Nous avons vu qu'elle avait suivi très fidèlement le courant de la dépopulation générale des milieux ruraux depuis 1876. Elle n'a pu, de la sorte, qu'atténuer et voiler la progression vraie du seul élément urbain albertvillois. Saint-Sigismond compris, celui-ci, en 1911, représente une masse homogène de 6.253 habitants. Il reste à étudier les transformations auxquelles le cadre topographique dut se plier pour les accueillir.

D'abord village de défilé, au débouché de l'Arly, ramassé autour de l'ancienne église, puis timidement enhardi sur la route de la plaine, la ville est née du vieux pont, à 100 et quelques mètres en amont du pont actuel. C'est lui qui relia ses deux cellules initiales : l'une, celle des Adoubes, frappée de stérilité par son site, sans horizon et sans avenir; la masse grise et serrée de ses toits d'ardoise fait l'effet d'une tortue qui arc-boute sa carapace à l'assaut d'un versant raide, impossible à escalader. L'autre, c'est la tête de pont de la rive droite, le véritable noyau de cristallisation des apports humains successifs, la cellule-mère. Elle se blottit et fait coin au droit du défilé de l'Arly en amont. Ses rues sont parallèles à celle du Pont et toutes transversales par rapport à l'axe de la vallée, à l'Arly et à la Grande-Rue, tant que les communications sont transversales, et elles le demeurent aussi longtemps que la plaine alluviale manque de sécurité et oblige les routes, même longitudinales vers Ugine ou la Combe de Savoie, à s'installer à flanc de coteau sur le versant droit pour fuir les inondations de l'Arly et du Chiriac. La sécurité assurée par le diguement général vers 1840, la pointe du triangle demeure fixée dans l'étranglement d'amont, mais alors c'est sa base qui se dilate et descend par bonds vers l'aval, au large et à l'aise dans une plaine nivelée et asséchée. Ces bonds sont marqués par l'ouverture successive des rues parallèles à la rue du Pont (Bugeaud) : rue de la Grenette, rue du Pont-Neuf ou Rue-Neuve puis Gambetta, rue Pargoud (ou des Prisons vers 1849), rue des Ecoles, rue de l'Abérut (Abreuvoir sur le canal Lallier qui touche aux casernes), rue du Commandant-Dubois, qui remplace l'antique nom à saveur de terroir : les Grandes-Charrières, simple chemin d'exploitation à l'usage et au travers des anciens *communaux* et « *fonds cultifs* » de la plaine. Plus en aval encore, une « avenue projetée » dans le plan Meffret de 1911 et qui aujourd'hui (1921) a déjà pris un état civil sous le nom de Nouvelle-Avenue. Longue de 800 mètres, rue d'attente et de grand avenir, elle va relier prochainement et directement la gare à la route de Moûtiers par-dessus un nouveau pont à construire sur l'Arly, à 100 mètres en amont du pont du chemin de fer. Elle épargnera aux communications avec la Tarentaise la remontée dans la ville et le crochet du pont actuel; elle délaissera totalement l'actuelle avenue de Tarentaise qui ne sera plus qu'un quai parallèle à l'Esplanade. Le quartier des Adoubes en sera profondément atteint et la rue Gambetta anémiée. Enfin, tout à fait en aval, en plein terrain vague, en pleines cultures, d'autres voies s'amorcent jusqu'au crochet où la ligne de Moûtiers prend la direction de la Tarentaise. Ce sont : le chemin déjà redressé et rectiligne des Trois-Poiriers et le chemin des Petites-Charrières, extrême limite Sud-Ouest de la plaine d'Albertville. Tout tortueux encore, suivant le caprice des limites parcellaires, il sera un jour tendu et rectifié, perpendiculairement à la route de Chambéry, près le passage à niveau de la ligne de Moûtiers au Nord, au chemin des communaux et à la digue de l'Isère au Sud.

La Grande-Rue et ses rues transversales ont ainsi tendance à pousser la ville le long de sa rivière. Leurs bonds ont été parallèles, concordants, contemporains. Grande-Rue et quai de la rivière servaient de couloir de communication extérieure à la série croissante des avenues transversales, mais avec avantage marqué pour la Grande-Rue, tandis que la rivière, en dehors de son unique pont, opposait partout son fossé aux communications transversales. L'une est bilatérale, avec embranchements sur les deux côtés, l'autre unilatérale, sans tributaire au Sud, hormis le pont. C'est pourquoi, en suite et dès la hauteur de la rue du Pont (Gambetta), elle devait se constituer l'artère essentielle et comme l'axe de la ville. Rue de Genève, en amont du pont[1], elle devient, dès 1858, la Rue-Grande, la Grande-Rue, la rue de la République jusqu'à la sous-préfecture. La gare, en 1876, l'attire et la prolonge jusqu'à elle sous le nom d'avenue Victor-Hugo. Puis le peuplement croissant de la plaine la pousse jusqu'au passage à niveau de la ligne de Moûtiers. Au total, c'est une seule et somptueuse voie qui, de ce dernier point jusqu'à l'usine à gaz, ne mesure pas moins de 2.100 mètres en une ligne droite à peine infléchie vers la sous-préfecture. Ses abords, au Nord, présentent un alignement de constructions dont l'entassement est en raison directe de leur ancienneté. Dilatées en un renflement très sensible le long des rues de Genève et de la République, elles se contentent ensuite de faire la haie jusqu'à la gare, pour s'égrener simplement et s'égailler même dans la plaine sur la route de Chambéry, en attendant que de nouvelles venues viennent les relier et les inviter à se porter sur l'alignement des abords de la route, en instance de devenir une avenue, tandis qu'elle constitue d'ores et déjà un très authentique faubourg. Les embranchements latéraux se sont multipliés à l'aise sur cette artère longitudinale, généralement en regard et au droit des rues qui s'ouvrent sur l'Arly, et cela à seule fin d'assurer toutes relations utiles avec le versant opposé. Ce sont, du Nord-Est au Sud-Ouest, le vieux chemin de Pallud et ancienne route d'Ugine escaladant le gradin pour éviter le contact de l'Arly hostile, la ruelle des Chartreux, le prolongement de la rue Gambetta jusqu'à la place de la nouvelle église où s'amorce la nouvelle route de Pallud, dont un lacet très étiré rachète la déclivité, la rue Cl.-Genoux, qui continue la rue Pargoud vers Saint-Sigismond et raccorde à la ville ce faubourg autonome, la rue Félix-Chautemps, qui contourne la gare par le Nord et dessert

---

[1] Le glissement à l'aval de la Grande-Rue (République) aura ainsi déplacé avec elle jusqu'à son nom, car la rue de Genève actuelle n'est autre que la grande rue des plans de 1763 et 1772.

le quartier industriel et récent installé au large dans la plaine de Saint-Sigismond.

Il est par-dessus tout remarquable que chaque bond de la descente de la ville dans sa plaine ait été amorcé par la construction d'un monument municipal quelconque, d'un établissement public, soucieux avant tout de se mettre à l'aise, de se ménager des abords dégagés et d'éviter d'empiéter sur l'agglomération préexistante, à laquelle il s'appliquait à se raccorder par une avenue propre à le faire valoir et à le mettre en évidence. C'était tendre la perche, créer la tentation aux constructions nouvelles de venir s'aligner sur ses abords. Sous la poussée impérieuse des accroissements incessants, le but était vite dépassé, l'établissement public débordé. C'est l'histoire, dix fois répétée, de toute la série de ces établissements. Ils se sont comportés, dans cette petite ville commerciale, à la façon des grandes installations usinières des villes-champignons modernes. Elles se fixent en terrain plat, découvert, libre et pas cher, à la périphérie de l'agglomération originelle, auprès de la réserve de matière première, de main-d'œuvre ou de la force motrice, du port, de la gare d'eau ou ferroviaire qui les a fait naître; puis, peu à peu, elles attirent et gardent près d'elles leur main-d'œuvre, le petit commerce, la population hôtelière, jusqu'à débaucher et incorporer la ville primitive qui ne peut pas bouder indéfiniment, sous peine de mort, sa vigoureuse et envahissante cadette.

C'est ainsi que les étapes de l'accroissement d'Albertville sont soulignées de façon aussi précise que les avenues parallèles qui les raccordaient au vieux bourg et à ses deux artères du quai de l'Arly et de la Grande-Rue, par l'établissement des palais communaux et des bâtiments d'intérêt public. De l'amont à l'aval, la ville a débordé ainsi successivement : le marché couvert, la Grenette, le palais de justice et l'hôtel de ville; les prisons, de 1849 à 1852; le quartier scolaire; la sous-préfecture et les casernes; la gare après 1870; la manutention et l'arsenal avec la nouvelle avenue de 1911. Et aujourd'hui le magasin à fourrages de la garnison, le Champ de mars et le stand se voient menacés d'être tournés par la soudure, encore lâche mais en instance de formation, des quartiers un peu égaillés de la route de Chambéry, de la plaine d'Albertville et du pont Albertin.

Une autre constatation s'impose : c'est le souci constant, la préoccupation qui a présidé d'instinct à l'évolution topographique de la ville, de se mettre au large et à l'aise, de ne pas lésiner sur la place, parce qu'elle abondait, d'éviter tout empilement humain, les étages multipliés, les murs mitoyens, les impasses, les allées et rues couvertes dans le goût de celles de Chambéry. Cela tient à l'étendue de la plaine, en grande partie en communaux et terrains à bâtir de peu de prix. C'est avant tout le fait que la ville est toute moderne, sans passé à préjugés restrictifs; elle n'a jamais connu d'enceinte, n'a jamais été condamnée à s'entasser sur elle-même. Improvisée, elle a eu une croissance quelque peu brusque et désordonnée. Aussi les terrains non bâtis abondent-ils dans la ville. Jardins et potagers, parcs, places, etc., se faufilent nombreux jusque dans le quartier le plus ancien entre les rues Bugeaud et de Genève, tandis qu'à l'aval des paquets de constructions neuves voisinent avec les cultures. En conséquence, la ville, très étendue, présente une disposition très lâche. Ses 2.100 mètres de longueur représentent les deux tiers de celle de Chambéry, de la Boisse au Bocage, tandis que sa population n'en représente guère plus qu'un quart. Sa densité est très faible, mais inégalement répartie. Elle est en fonction inverse de la jeunesse des quartiers, en raison directe de l'importance des artères, de la vie, de la circulation, des affaires. Maxima dans la Grande-Rue et la rue Gambetta, on peut dire qu'elle décroît régulièrement de l'amont vers l'aval et de ces deux grandes artères vers la périphérie, avec maximum à la croisée de la Grande-Rue et de la rue Gambetta et aux croisillons des rues Pargoud et Cl.-Genoux, en attendant qu'il se déplace vers les abords de la gare, le foyer et le nœud vital de la ville de demain. Au total, c'est une ville très ajourée, très aérée, très saine, gaie et fort coquette.

Répartition de la population par rues.

	1872	1876	1886	1896	1900	1911	1921
Rue de Genève.......	122	178	178	196	207	191	240
Rue de la République	675	797	1.020	1.068	962	909	1.038
Avenue Victor-Hugo..	»	»	104	81	193	230	239
Route de Chambéry..	»	»	52	124	100	97	160
Artère centrale.......	797	795	1.354	1.469	1.462	1.427	1.677
Quai des Allobroges .	»	»	79	101	98	89	94
Crs de l'Hôtel-de-Ville.	»	140	136	1 2	162	157	158
Avenue P.-Blanc.....	»	»	»	»	67	85	45
Pont Albertin........	»	»	96	124	168	169	128
Quais de l'Arly......	»	140	311	337	495	500	425
Rue Bugeaud........	81	131	103	108	111	105	138
Rue Grenette........	118	79	116	144	155	114	149
Rue Gambetta.......	356	400	387	415	313	299	413
Rue Pargoud........	»	»	41	49	58	62	61
Rue des Écoles......	»	»	»	»	48	50	54
Rue J.-Porraz........	»	»	»	»	»	23	51
Rue Comt-Dubois	»	»	»	»	123	150	140
Rue de l'Abérut	»	»	37	51	47	63	68
Rues transversales...	555	610	684	767	815	866	1.074
Les Adoubes.........	»	245	278	393	326	331	388

Le tableau que nous donnons ci-contre du mouvement de la population des rues nous indique que la courbe des plus anciennes rues, d'ailleurs les plus peuplées, reflète très exactement la courbe de la population globale de la ville. Elle est ascendante jusqu'au maximum de 1896; dans la suite, elle ne sait plus que fléchir. Toutefois, pour la rue de Genève, le maximum et le fléchissement sont retardés d'un lustre et sont moins sensibles. Cela s'explique par la proximité des usines de Venthon dont la main-d'œuvre vient facilement se fixer jusque-là. Mais la Grande-Rue, de 1876 à 1896, gagne 273 habitants pour en perdre 159 quinze ans plus tard, tandis que le quai des Allobroges en perd 12, la rue Grenette 41, la rue Gambetta 116, les Adoubes 62.

Par contre, les quartiers neufs, les artères nouvelles ou en bordure ne connaissent presque partout que l'ascension continue. L'avenue Victor-Hugo, inexistante avant 1876, avant la gare, est tout gain avec 230 en 1911; de même les 97 de la route de Chambéry, malgré les oscillations quinquennales, qui ne sont pas pour surprendre dans ces sortes d'organismes, et leur peuplement un peu improvisé.

Mais, en 1921, le rebondissement des chiffres dans toutes les rues de l'ancien quartier, à l'amont, atteste manifestement l'influence des usines, par conséquent du voisinage d'Ugine et de Venthon. Sur 1911, la rue de Genève gagne 49 habitants, la Grande-Rue 129, Bugeaud 33, Grenette 35, Gambetta 114, les Adoubes 57. A l'aval, donc loin des usines, à part la route de Chambéry qui en gagne 63, parce qu'on y a construit beaucoup de 1911 à 1914, les autres artères demeurent presque stationnaires : l'avenue Victor-Hugo s'accroît péniblement de 9 unités, l'Abérut de 5, les Ecoles de 4; mais la rue Dubois en perd 10, le Pont-Albertin 41. D'autre part, les anciennes rues étaient les plus riches en disponibilités, mansardes, recoins, logis abandonnés ou d'occasion dont s'accommodèrent les sursitaires et la main-d'œuvre étrangère, tandis que les appartements confortables et plus rares de l'aval les écartaient doublement, par la cherté de la location et par leur éloignement.

La répartition des *étrangers*, elle aussi, ne paraît pas s'être faite au hasard. Ils composent en grande majorité l'armée des journaliers, terrassiers, ouvriers du bâtiment ou des usines de banlieue; équipes volantes, sensiblement égales à elles-mêmes comme les besoins des usines qui les utilisent; gens à vie précaire, à métier indéterminé, tout de muscles et spécialistes de grosses œuvres. Transalpins pour la plupart, ils fuient les constructions neuves, confortables et chères, pour se contenter des étages supérieurs, des mansardes et taudis des vieilles bâtisses des quartiers anciens. On les leur abandonne volontiers, et leur voisinage manquant d'attrait, on s'écarte d'eux; ils font le vide autour d'eux, un vide que leur prolificité et leur résidence éphémère ne suffisent pas à combler.

Sur 445 habitants en 1911, la rue de Genève en compte 46, soit 1/10; la Grande-Rue 72, 1/12; le quai des Allobroges 20, presque 1/4; la rue Bugeaud 38, c'est-à-dire plus de 1/3; Conflans 1/10 ainsi que la rue Gambetta; le quartier des Adoubes 1/3 avec sa grosse colonie piémontaise et cosmopolite de 93 sur 331 habitants. C'est le quartier piémontais, où l'on a parfois la tête chaude et les mœurs un peu rudes.

Il s'en faut cependant qu'ils ne soient tous que des « hirondelles d'été », des oiseaux de passage. Leur immigration, provoquée et facilitée par l'installation des voies ferrées, en a amené un grand nombre à se fixer et à prendre racine, notamment ceux qui ont « réussi » et qui représentent un élément de valeur morale et d'un grand rendement économique.

En résumé, les conditions du mouvement et de la répartition de la population d'Albertville ne font que confirmer la règle générale de l'évolution moderne des agglomérations urbaines. Leur centre se décongestionne au profit de la périphérie.

Pour nous en tenir aux villes alpines, c'est le cas de Grenoble et d'Annecy. Chambéry lui-même, libéré de son enceinte, s'est laissé éventrer et ajourer de toutes parts pour envahir ses plaines alluviales, en amont la Madeleine et la route de Lyon, en aval l'angle alluvial, l' « Angleterre », du confluent de la Leysse, de l'Albane et de l'Hières, par delà la gare et le cimetière de Paradis; tandis que la grosse épargne va chercher, dans l'escalade des bosses rocheuses du verrou chambérien de Lémenc, le grand air, la belle exposition, le pittoresque avec le confortable.

IV. — La ville actuelle.

L'évolution topographique de la ville est l'œuvre du peuplement. Elle a dû s'adapter à chacune de ses poussées, s'organiser pour accueillir et hospitaliser les nouveaux venus. Mais, en définitive, c'est le développement des affaires, la création de ressources nouvelles qui ont provoqué tous les bonds de la population avec les dilatations de l'agglomération et ses irruptions successives dans la plaine. Ces ressources, nous nous appliquerons à les découvrir dans l'évolution de facteurs déjà anciens : le commerce local et la gare, l'importance de la garnison, du cadre administratif, du tourisme, de la petite industrie. Il conviendra de leur adjoindre deux faits nouveaux : la guerre et Ugine.

1° Le Commerce.

A. Foires et marchés. — L'activité quelque peu somnolente et trop bien rythmée, qu'il a été donné d'observer jusqu'ici à Albertville, fait place, certains jours, à la bruyante animation d'un gros bourg agricole. C'est le cas des foires et marchés, le mouvement des affaires précisément qui lui a donné le pas sur Conflans et qui a contribué le plus à son remarquable développement. Les *foires* se tiennent environ dix fois par an le jeudi, sauf celle du 27 septembre, toujours à jour fixe. Bestiaux et marchandises diverses font tout l'objet des transactions; toutes ces foires au bétail, qui se tiennent en un renflement du quai des Allobroges, sont doublées d'un important marché potager, fruitier et grainetier, disposé en deux files parallèles en bordure des trottoirs de la Grande-Rue, entre la rue Gambetta et la rue Bugeaud. Sur les abords, le cortège obligé des étalagistes en mercerie, ustensiles divers et bimbeloterie. La chaussée est réservée à la circulation de la clientèle, toujours pressée, compacte et très mêlée.

Tous les autres jeudis de l'année, il y a marché, avec la même physionomie, mais avec une clientèle moindre et moins d'animation; il y manque l'appoint du bétail, des transactions et de la foule bruyante des maquignons. Les autres jours ne connaissent que le petit marché potager et alimentaire quotidien, à l'usage de la ville seule, et que la banlieue immédiate suffit à approvisionner en légumes frais, œufs et volailles, beurre et laitage. Un autre marché, hérité de Conflans, celui du samedi, et qui devait donner la réplique à celui du jeudi, n'a pas pu prendre pied parce que trop rapproché du premier et parce que la clientèle de la banlieue éloignée, satisfaite le jeudi, n'est plus tentée le surlendemain de reprendre le chemin de la ville et d'y perdre son temps. De même, les seules foires qui fassent figure et qui soient réellement importantes, celles qui ont une tradition et une histoire, ce sont les foires plus que séculaires que nous retrouvons dans la concession des Patentes Royales du 27 juin 1786[1], à savoir : la foire des Rameaux, du 1er jeudi avant les Rameaux; celle du 10 mai, qui s'est dédoublée en la foire du 1er jeudi et son retour fixé au 3e jeudi de mai, et surtout la grande foire, réellement savoyarde, du 27 septembre. Outre le mérite de leur tradition, elles ont littéralement celui de l' « acclimatation », c'est-à-dire la bonne fortune de se trouver parfaitement adaptées aux besoins de l'économie pastorale de toute la région, plaine et montagne.

La foire des Rameaux est la foire de printemps où s'opère la décharge des étables de la plaine, menacées par l'épuisement de la provision fourragère; celle où les montagnards viennent remonter leur cheptel en vue de la paissance des pâturages de printemps et pour consommer le fourrage engrangé dans les

---

[1] Invent. des Archives de l'Hôpital, par M. G. Pérouse, BB. 2, f°s 160 et 177, p. 51.

montagnettes. Les deux foires de mai sont appelées les « foires à moutons », très animées quand les Tignards et les Mauriennais de Sollières et Termignon venaient y chercher les « Marthod » de la région, plus nombreux qu'aujourd'hui, et y constituer leur troupeau ovin pour l'inalpage. Elles marquent aussi, pour tous les genres de bétail, le terme de l'hiverne dans la plaine et le commencement de l'estivage. Les besoins pastoraux et l'ouverture de l'inalpage ont fait naître, de toute nécessité, la grosse foire de juin, celle où les montagnards viennent, avant la montée dans les pâturages d'été, à la Saint-Jean, faire leur plein et constituer leur troupeau avec l'appoint des élèves et des laitières de la plaine. Juillet et août n'ont que des transactions limitées et de faible rayon. Le 27 septembre est la grosse foire par excellence, la foire de la descente de la montagne, où le trop-plein des alpages se déverse et se répartit dans les étables de la plaine. C'est en même temps un important marché de grains et de châtaignes, celui où se font les prix de la pomme, avant que les courtiers de Gilly et Frontenex en établissent le cours définitif et concentrent dans leurs dépôts, aux abords de la gare de Frontenex, la récolte, le plus souvent encore pendante, des producteurs de la vallée. Octobre et décembre ont des « foires froides ». Les gens de la plaine, dont la provision est définitive, y arrêtent leur effectif, suivant leurs disponibilités. Tous y font emplettes et approvisionnements pour l'hiver; les ménages prévoyants y achètent un porc, car le 1er jeudi de décembre est la foire des « cochons gras ».

Au surplus, l'état suivant[1] des wagons de bestiaux reçus et expédiés en gare d'Albertville en 1913 et 1919 établira d'une façon approchée l'importance de chacune des principales foires.

---

[1] Communiqué par M. Chaix, chef de bureau au P.-L.-M., à Chambéry, juin 1920. Nous le prions d'agréer ici nos plus vifs remerciements.

Mouvement des wagons de bestiaux en gare d'Albertville.

Foires	1913 Reçus	1913 Expédiés	1919 Reçus	1919 Expédiés
des Rameaux	14	50	2	21
de mai	19	71	4	49
de juin	12	72	4	31
du 26 septembre	10	74	»	15

Une lacune regrettable nous interdit de préciser les lieux d'origine et de destination. Il est facile d'y suppléer par la connaissance des besoins alternatifs et complémentaires de la montagne et de la plaine, des vallées intra-alpines et des basses vallées savoyardes dont les foires d'Albertville se font le trait d'union. En outre, 1913 peut être considéré comme une année normale; ce qui n'est pas le cas de 1919, encore mal rétablie des secousses de la guerre et du fléchissement général du cheptel, décimé par les réquisitions et la consommation militaire. Le manque de wagons et la paralysie des transports sont également responsables de l'énorme déchet des chiffres par rapport à ceux de 1913. Le chiffre ridicule de 15 wagons expédiés le 27 septembre contre une réception nulle, alors qu'en temps normal il accusait le maximum d'affaires, s'explique tout spécialement par la coïncidence fâcheuse de la fièvre aphteuse qui fit interdire la foire la veille seulement, paralysa l'afflux des bestiaux déjà en route et ne permit de faire que des transactions dérobées aux portes de la ville.

B. **Le commerce local.** — Foires et marchés sont avant tout à l'usage des *forains,* des gens de petite et grande banlieue, mais étrangers à la ville, site convenu et bien adapté de leur rendez-vous et de leurs échanges. La ville en fait son profit; mais ce ne sont, en somme, que des jours exceptionnels qui ne la dispensent pas de subvenir aux besoins de sa population fixe, de ses

7.000 habitants. Ces besoins conjugués ont fait naître un petit commerce local représenté par un nombre normal d'épiceries, magasins de primeurs, de cafés et d'hôtels, etc., en rapport avec sa population et ses hôtes de passage, déclare une note de l'Inspection du Travail [1]. La même remarque s'impose pour le vêtement et l'ameublement. Toutefois, il semble bien que le nombre des 43 cafés ou auberges de la ville, joints aux 7 de Saint-Sigismond, dépasse largement les besoins de la population, y compris la garnison. Il faut en dire autant de leurs 16 épiceries, de leurs 10 boucheries et charcuteries, de leurs 10 boulangeries et pâtisseries. C'est un total de 86 établissements, faisant vivre au bas mot 400 personnes, y compris les exploitants, leur famille et leurs employés. Il faut en ajouter au moins 100 autres, vivant de la mercerie, de la confection, des bazars, de la librairie, de tout ce qui est objet de commerce et figure, sans subir de transformation, dans les dépôts ou le stock des grossistes ou des détaillants. Ces chiffres respectables attestent l'importance d'Albertville comme centre d'approvisionnement, d'échanges; un emporium local à l'usage de la ville, de sa banlieue, du canton, des quatre cantons de son arrondissement. Un centre trop désaxé cependant pour être autonome, dès que l'un d'eux, et des plus importants, s'est fait la succursale de la puissante Société d'Alimentation du Sud-Est, l'Allobroge, qui a son siège à Chambéry.

Une restriction s'impose, qui a fait fléchir aujourd'hui le chiffre d'affaires d'Albertville et sa qualité de centre régional d'approvisionnement : c'est la remontée du rail en Tarentaise en 1892, à Ugine en 1901. Depuis lors, son marché ne joue plus pleinement que pour sa banlieue, son propre canton et celui de Beaufort, les seuls tributaires immédiats de sa gare. A Beaufort, le tramway, si impatiemment attendu et dont l'installation

---

[1] Communiquée avec la plus parfaite bienveillance par M. Devaux, inspecteur général à Chambéry.

est décidée depuis 1914, s'est vu refouler par la guerre avec tous les espoirs que peuvent autoriser l'exploitation de ses forêts, ses produits pastoraux, les ressources de son tourisme et les mines d'anthracite d'Arêches, enfin concédées au cours de 1920. Jusqu'ici, le roulage par traction animale ou automobile en fait bénéficier Albertville, son point d'écoulement obligé. Mais le jour où le tramway amènera directement le trafic à la gare d'Albertville, cette source de profits sera bien près d'être tarie, et la ville a la perception très nette du relâchement, dans un avenir prochain, des liens de dépendance du Beaufortin vis-à-vis d'Albertville.

Effectivement, dans les autres vallées, remontées déjà par la voie ferrée, les localités trouvent leur avantage à se faire desservir et approvisionner par la gare la plus proche, les nombreuses gares de la banlieue : Marthod, Ugine, Tours, La Bâthie, Cevins, La Rachy, Frontenex, multipliées moins pour les besoins locaux que pour ceux des installations récentes de houille blanche.

C. **La gare.** — La gare actuelle a, sauf pour le Val Saint-Maxime, supplanté le pont de l'Arly et fait disparaître tous les avantages qu'en tirait Albertville, en particulier ceux qui résultaient du transit des voyageurs. Elle lui a dérobé plus spécialement les bénéfices du transit et du transbordement des marchandises de tous genres, les lourdes en particulier. Avant le chemin de fer, elles venaient s'entasser à Albertville et y faisaient vivre tout un monde d'intermédiaires, de rouliers et d'hôteliers. Par contre, elle a facilité grandement l'approvisionnement local et élargi le cercle de ses fournisseurs; elle a provoqué un gros afflux de main-d'œuvre à l'usage des usines de Venthon et d'Ugine. Par-dessus tout, elle a fait faire un bond à l'évolution topographique de la ville et à son réseau routier, comme elle a étendu à toute la zone alpestre et à toutes les basses vallées voisines le périmètre d'attraction de ses foires. Son importance lui est venue avec ses embranchements sur Moûtiers en 1892, jusqu'à Bourg-Saint-Maurice en 1914 et sur

Ugine en 1901, malgré la décharge qu'opérait dans ses halls et ses dépôts chacune de ces rallonges, en même temps qu'elles diminuaient le chiffre d'affaires des gens qui vivaient de cette industrie de la gare. En un mot, depuis qu'elle n'est plus une gare terminus, elle a cessé d'être un centre régional d'arrivages, de dépôts et d'expéditions. En revanche, son transit a augmenté considérablement, mais sans profit pour la ville et sans grande manutention. Aussi son personnel demeure restreint. En 1914, il comprenait 26 agents pour le service de la gare, 4 au service des machines, ateliers et charbonnage, 8 au service technique, pose des rails et entretien de la voie, soit un total de 38 agents. En 1920, il passe à 47, c'est-à-dire qu'il s'accroît d'un petit quart, comme d'ailleurs sur tout le réseau, à seule fin de satisfaire aux exigences de la loi de 8 heures et de faire jouer librement la relève des trois équipes quotidiennes. Les besoins techniques étant minimes, l'augmentation ne porte que sur les agents du service de la gare : 35 au lieu de 26. En somme, si l'on considère que les deux tiers sont en ménage, c'est un apport d'une grosse centaine au bilan de la population globale de la ville et de Saint-Sigismond.

2° La Garnison.

L'influence de la situation d'Albertville, la même qui lui a légué la succession de Conflans, qui a fait son importance commerciale, la ville, la gare, a décidé aussi bien de sa vocation militaire, de sa qualité de place de guerre, de ville de garnison. Elle est trait d'union entre le haut et le bas pays; son carrefour lui attribue la commande de trois importantes vallées intérieures; l'annexion de 1860 lui a confié la garde d'un important secteur de la frontière italienne des Alpes du Nord. Sa garnison, comme sa couronne de forts, est un de ses éléments vitaux et comme une des parures de sa physionomie, une marque distinctive de son individualité. Ce fut tout au moins l'un des avantages qu'elle s'était appliquée le plus, dès la fin du XVIIIe siècle, à dérober à Conflans, concurremment avec ses foires et marchés, sous l'espèce du 2e bataillon du régiment provincial de Maurienne. Depuis lors, Albertville n'avait jamais manqué de soldats. Sous la Révolution, elle avait dû en laisser remonter un détachement à Conflans, à seule fin d'occuper les vastes locaux laissés libres par la dispersion de leurs hôtes et propriétaires religieux : les Capucins, puis le château des Bernardines, et parce que, en bas, la place manquait. Jusque fort après l'annexion, l'effectif ne dépassa pourtant pas celui d'une compagnie. Le recensement de 1872 accuse 166 hommes, soit une compagnie du 97e de Chambéry. Mais, en 1886, il est porté à 610 hommes; c'est celui de son bataillon du 22e chasseurs alpins dont elle était si fière et qui se couvrit de gloire à la guerre. En 1896, l'effectif est largement doublé : 1.296 hommes, 1.315 en 1906, 1.257 en 1911. Le bataillon, devenu troupe alpine de couverture, a été porté à 6 compagnies, dont 2 au château de Conflans, avec effectif de guerre, et près de 200 hommes par compagnie. Aux chasseurs sont venues s'adjoindre une batterie d'artillerie de montagne et une batterie d'artillerie de forteresse, celle-ci disséminée, il est vrai, dans les forts à mi-mont qui ceinturent et défendent la place : forts de Conflans et du Mont avec leurs batteries étagées en altitude; forts de Tamié, du Villard, de Lestal. Leur garnison, toujours très réduite, ne profite pas à la ville, si ce n'est pour quelques menus approvisionnements. Les services sanitaire, de la manutention et du pénitencier militaire, avec quelques douzaines d'hommes, font l'appoint de l'effectif global de 1.257 en 1911. C'était prodigieux pour une petite ville de 6.276 habitants : 1/5 de la population, 1 militaire pour 4 civils. Albertville passait à juste titre pour une ville de garnison et cette dernière, avant l'appoint inespéré venu d'Ugine, était sa principale industrie, le premier client de son commerce et de ses cafés, dont elle expliquait la respectable densité. Cependant, il n'en fallait pas moins pour les besoins de la place et de ses ouvrages avancés. D'autre part, peu de localités, à l'amont, se prêtaient mieux qu'elle à accueillir une telle garnison. Au surplus, celle-ci se trouvait là, à pied d'œuvre, à l'entrée de tous les passages alpins dont elle avait la garde, au pied des massifs montagneux qu'elle s'entraînait chaque année, pendant la belle saison, à explorer, reconnaître et fouiller.

La guerre est venue la disperser, plus encore l'alliance italienne qui permit de relâcher la surveillance et la défense de notre frontière alpestre. Il ne faut le regretter qu'à demi dès que, fort heureusement, nous l'allons voir, l'industrie hydraulique, intensifiée par la guerre, lui a procuré indirectement une compensation plus qu'équivalente. La guerre y aura éteint provisoirement un foyer pour en rallumer d'autres plus puissants, plus fructueux et de rendement plus assuré. D'ailleurs, la fin de l'occupation de la Haute-Silésie, après le plébiscite du 20 mars 1921, laisse espérer qu'un bataillon de chasseurs álpins, le 7e, lui sera prochainement rendu. Son dépôt vient de s'installer, en date du 25 mars 1921, dans les locaux du 22e envoyé à Nice. En attendant, les casernes qui resteraient vides et disponibles seront susceptibles d'une foule d'affectations. Déjà la grande industrie les guette et la manutention a été acquise par un industriel albertvillois en juillet 1920. Sans compter que le château historique de Conflans, — la ville se doit d'en assurer définitivement la désaffectation, — aura cessé d'être une caserne pour reprendre, avec un peu de toilette, sa physionomie ancestrale. Il ne manquera pas, dès lors, d'exciter la curiosité du tourisme local, non plus que d'accorder d'élégante façon les vœux de l'archéologie avec les intérêts de la population commerçante et hôtelière.

3° Le Tourisme.

Il est une autre forme d'activité, commandée par le site et le cadre montagneux; il n'apporte, il est vrai, un surcroît de vie que pendant la belle saison. C'est le flot des étrangers, c'est le tourisme. L'industrie hôtelière, le petit commerce et l'approvisionnement sont à peu près seuls à en bénéficier. D'autre part, son institution est des plus récentes. Il n'est pas antérieur à 1876, à l'apparition de la voie ferrée, et il ne constitue un appoint appréciable, d'ailleurs à peu près impossible à déterminer, que depuis 1900 environ, l'époque où les possibilités indéfinies de la houille blanche et ses premières installations ont révélé les Alpes au monde savant, aux gens d'affaires et à une clientèle riche en capitaux et en loisirs. A ce titre, le site d'Albertville est parfait, au carrefour de toutes les vallées qui donnent accès à l'infinie variété des diverses zones alpestres. Aussi bien, son Syndicat d'Initiative est-il particulièrement bien fondé à nourrir la prétention d'en faire une ville de saison, un centre du tourisme, malgré les avantages, la proximité d'Annecy et la grosse supériorité que lui assurent les attraits de son lac et une puissante et déjà ancienne organisation. C'est ce que n'avait point prévu l'Intendant de 1821, quand, dans son rapport [1], il se plaisait à décrire les méfaits du climat d'Albertville et l'excessive fraîcheur de ses vents de montagne, c'est-à-dire ce dont précisément le tourisme moderne est le plus avide. « Il y a deux vents principaux à l'Hôpital : le vent Sud-Est, qui souffle de l'Isère à Conflans, et le vent Nord-Est. Le vent Nord-Est, qui débouche de la gorge d'Ugine et suit le cours de l'Arly, entretient dans toute la plaine où est située la ville de l'Hôpital, avant le lever et après le coucher du soleil, un air froid, sensible, qui n'est pas sans influence sur la santé. A des journées très chaudes succèdent des soirées subitement fraîches... »

Le tourisme à Albertville a ceci d'intéressant qu'à la faveur du carrefour des vallées il présente toute la gamme des types les plus divers. C'est d'abord : 1° le *tourisme local ou du site :* sous l'espèce d'Albertville même, il offre aux étrangers l'aspect d'une ville toute récente et en pleine évolution. C'est Conflans, sa ville jumelle, perchée en son oppidum, une ville-musée, un futur « paradis des archéologues », qui mérite de revivre et de

---

[1] F. S., 525. Statistique de 1821.

se perpétuer dans son cadre historique. Elle est une réplique de Pérouges-Meximieux (Ain). M. Gabriel Pérouse, archiviste départemental de la Savoie, se propose de la révéler et de la restaurer savamment à l'usage du tourisme pieux et instruit qui viendra étudier les merveilles de la bicoque médiévale, épargnées par l'artillerie de Lesdiguières en 1600 et le vandalisme des patriotes de 93 : les vestiges de son enceinte, ses portes, son église avec sa chaire et ses fonts baptismaux provenant de la Trappe de Tamié, le Château Rouge, le Château-caserne, trop longtemps profané par l'installation d'une garnison dans ses murs, ses fontaines historiques, sa rue tortueuse et ses ruelles étroites et couvertes, ses vieilles maisons de style, ses terrasses-belvédères face au confluent, fouillant la Basse-Tarentaise et la Combe de Savoie avec tous les détails de leur cadre montagneux. Tandis qu'à ses pieds se développe le damier fastueux et tranquille d'une plaine colmatée et riche que ne menacent plus les inondations de l'Isère endiguée et de l'Arly tenu en respect dès qu'il s'échappe du robinet de son gradin de confluence où trônent Pallud et Conflans.

2° *Le tourisme du cadre montagneux* familiarisera les étrangers avec les escarpements tentateurs des Préalpes calcaires du massif des Bauges au Nord, ses taillis à l'endroit, ses sombres forêts sur les versants d'ombre et humides, la coupure du col et du Val de Tamié avec sa Trappe et ses dépendances, les grottes de Settenex, le château de Faverges en vue du lac d'Annecy. En face, les massifs cristallins du Grand-Arc et du Mirantin sont tout de contraste avec leur croupe chauve et gazonnée, leurs cirques glaciaires morts, découpés en vastes niches reposant sur un épais fourré de sombres résineux et d'humides châtaigneraies.

3° *Le tourisme régional,* facilité par de nombreux services de cars alpins, transportera les alpinistes dans les merveilles des gorges du Haut-Arly, quelque peu transformées par les gigantesques travaux de captation de leurs eaux dirigées sur les turbines d'Ugine. A l'amont, ils fouleront l'énorme seuil mal décapé de Mégève, coincé entre la masse du Joly et la majestueuse sierra calcaire des Aravis, dont le mur se poursuit en un alignement impeccable d'arêtes dentelées et d'à-pics jusqu'à l'étranglement de Cluses en plein Faucigny. Les services de Beaufort les remonteront dans les splendeurs du Val Saint-Maxime et de ses trois Dorons : le Doron d'Hauteluce jusqu'au lac de cirque glaciaire de la Girotte, le Roselend et l'Argentine d'Arêches.

4° *Le tourisme de transit alpin,* et ce n'est pas le moins important, bien qu'il profite peu à Albertville, est celui qui écoule sa nombreuse et riche clientèle par la gare, à destination d'Ugine ou de la Tarentaise ou bien par les services automobiles qui ne font que passer par Albertville ou n'y séjournent que quelques heures. C'est le cas des nombreux services organisés par le Syndicat d'Initiative d'Annecy et qui, depuis longtemps, ont débordé le cadre étroit de son lac pour se faufiler dans toutes les vallées, tous les sites pittoresques des Alpes du Nord : du Salève à l'Oisans par Aix, Chambéry et la Chartreuse; des pertes du Rhône à Bellegarde, par les gorges du Fier et les Bauges jusqu'à Chamonix, Pralognan et la Vanoise ou le Petit-Saint-Bernard. Du moins, l'achèvement de la route des Alpes, en son dernier tronçon de l'Iseran, placera inévitablement Albertville sur son tracé et y déterminera peut-être une halte d'une nuit dont l'industrie hôtelière n'aura pas à se plaindre.

4° Le Rôle administratif.

Le tourisme est chose capricieuse et flottante, le plus souvent délicate à surprendre comme à préciser, d'autant plus qu'il est récent, en voie de s'organiser et de se réadapter à l'état d'après-guerre. Il y a moins d'incertitude à faire l'inventaire de cet autre élément qu'Albertville a hérité de Conflans : son rôle administratif. Il a fort évolué depuis en son cadre élastique, sans cesse étiré et à double face, où il convient de faire figurer le personnel communal ou municipal et le personnel de la sous-préfecture. Aux employés de la sous-préfecture s'ajoutent le personnel judiciaire, les notaires, les avocats, les avoués, les huissiers. L'enseignement public compte 12 membres à l'Ecole normale d'instituteurs, une vingtaine aux écoles publiques, une dizaine aux écoles libres. Les finances publiques sont représentées par 3 titulaires, non compris les commis ou employés de bureau; l'enregistrement, le cadastre ont chacun 1 titulaire; il y en a 6 pour le contrôle des contributions directes et indirectes, 6 à l'inspection des travaux publics, sans compter le personnel routier et de la voirie municipale (au moins le double); 18 aux P. T. T. Le personnel médical et sanitaire comprend 15 membres : médecins, pharmaciens, chirurgiens-dentistes et autres, à l'exclusion de l'élément hospitalier de l'hôpital et de l'assistance publique. Il y a en outre les employés aux eaux et forêts, le contrôleur des poids et mesures. Le personnel des fonctionnaires municipaux : secrétaires, architecte, receveur, commissariat de police, bibliothèque, dépasse à peine la douzaine. L'addition donne le chiffre de 156 fonctionnaires, qu'il faut pour le moins doubler pour y englober les secrétaires, clercs, commis, dactylographes et employés de tous ordres. Cela fait un minimum de 300 personnes, peut-être 1.000 avec leurs familles, vivant des fonctions publiques : c'est plus qu'il ne faut pour classer Albertville au rang de ville administrative. Elle y prend au moins autant d'importance que dans les ressources réunies de son petit commerce local, de sa gare et de sa petite industrie.

5° La petite Industrie.

La part de cette dernière s'en trouve à priori bien réduite. Il faut lui rattacher les petits métiers annexes de l'alimentation, une vingtaine d'établissements d'après la note de M. l'inspecteur Devaux, occupant environ 50 personnes. A côté des 3 employés de l'usine à gaz et d'une douzaine d'ouvriers occupés par les 3 imprimeries de la ville, le vêtement est représenté par 5 ateliers de tailleurs et 20 ouvriers, autant pour l'ameublement et une dizaine d'ateliers de couturières et de modistes, avec 20 ouvrières environ. La petite métallurgie locale, urbaine, compte une dizaine d'établissements de serruriers, mécaniciens, cycles, ferblantiers, avec un modeste personnel d'une trentaine d'unités. Cependant, une entreprise présente une certaine importance puisqu'à la construction de ses charpentes métalliques elle occupe parfois jusqu'à 30 ouvriers. L'industrie du bâtiment est dans le marasme du fait de la vie chère, de la rareté de la main-d'œuvre qui s'est tournée vers d'autres occupations ou bien a émigré vers les régions envahies, attirée par le travail assuré et l'appât des gros salaires. D'ailleurs, la guerre a saturé le pays d'usines qui se sont adaptées sans trop de frais aux besoins nouveaux. La ville enfin ne connaît plus la fièvre des « maisons neuves » de la période de sa grande croissance et, d'autre part, le prix de revient de la construction est si élevé qu'on s'abstient comme partout en attendant des jours meilleurs. La chaussure compte une dizaine de petits ateliers et environ 20 ouvriers.

Jusqu'ici il n'a rien été relevé qui dépasse les besoins de l'agglomération et de sa clientèle extérieure fixe ou de passage. Toutefois, à l'actif de la chaussure, il faut mentionner une importante galocherie, muée provisoirement en atelier de chaussures militaires pendant la guerre et occupant près de 75 personnes. Avec elle, nous touchons à l'*industrie du bois,* qui demande aux Vals d'Arly et du Doron, outre sa matière première, la force, la lumière, le grand rendement dépassant les besoins de la clientèle locale, avec des aptitudes à l'exportation. Cette industrie du bois fut longtemps la plus importante; elle est, en tout cas, la plus ancienne, de caractère régional plus que local, la mieux adaptée au site, l'industrie par excellence du débouché des vallées et du confluent. En effet, les bois des Vals d'Arly et du Doron ont de tout temps constitué de puissantes réserves, particulièrement remarquables par le cycle disparate des industries qu'elles ont suscitées. D'abord les scieries à toutes les époques, alimentées par le flottage, les radeaux avec arrêts aux « pilotages » fixés à pied d'œuvre. Puis ce furent les salines, créées à

Conflans sous l'attrait de la proximité du bois nécessaire à leurs « cuites d'étuvation »; ce fut la tannerie utilisant l'écorce des châtaigniers de l'envers et des placages morainiques. De nos jours, le même bois a fait naître sous Venthon la papeterie Aubry, passée depuis, vers 1898, à la métallurgie. Plus récemment, il s'est spécialisé dans la scierie avec trois chantiers importants et un personnel de 60 ouvriers, et une installation plus modeste, soit 65 ouvriers en tout. Cependant, ces établissements considérables sont loin d'usiner entièrement l'énorme réserve de l'amont où ils s'alimentent. Le surplus, et c'est la grosse part, s'exporte brut, sans autre manutention que celle de la vidange forestière et du transport par traction animale, auto-camions et par voie ferrée, à destination de Modane, Lancey, etc. Il ne présente pour Albertville qu'un intérêt purement transitaire. Industrie du bois encore, avec mêmes origines, mais très spécialisée, que celle de l'encadrement, occupant dans une usine environ 30 ouvriers avant la guerre; celle des cannes, manches d'ombrelles et de parapluies, 30 ouvriers à Albertville, et sa réplique à Saint-Sigismond avec 20 ouvriers avant la guerre.

L'industrie hydraulique doit revendiquer aussi une importante usine de pâtes alimentaires à 100 ouvriers, la deuxième métamorphose des anciennes Salines, après la Fonderie Impériale, puis Royale, de la plaine de Conflans et qui est toujours actionnée par la « prise d'eau douce des Cuites », débaptisée en canal de la Fonderie.

Au total, il n'y a rien là qui dépasse les prérogatives d'une petite ou tout au plus moyenne industrie. Elle travaille essentiellement pour la ville et sa banlieue, donne peu à l'exportation. Son bilan est mince : 525 ouvriers en tout, à peine 1/5 d'une des énormes usines de Grenoble ou d'Ugine pendant la guerre; à peine le double de l'importance du personnel administratif, avec une activité sinon moins somnolente, en tout cas fort restreinte.

6° Les dernières transformations.

Les événements de la guerre ont agi, d'une façon variable, sur les divers facteurs de l'activité d'Albertville. Nous avons vu qu'ils avaient, au moins temporairement, fait disparaître sa garnison. La ville a perdu, dans les hécatombes des combats, 141 morts et 160 avec les 19 de Saint-Sigismond; le pourcentage est ainsi de 2,26 % [1].

La tourmente cependant n'a pas entravé longtemps l'activité d'Albertville. De bonne heure, sous l'excitation des besoins de la Défense nationale, l'industrie locale se reprenait à fonctionner. L'usine des pâtes alimentaires retrouva 90 de ses employés sur les 100 d'avant-guerre, avec 25 hommes, dont quelques sursitaires seulement, pour l'exécution de grosses commandes destinées à l'Intendance militaire. Deux scieries employèrent 40 hommes, dont 1/4 de mobilisés; 50 ouvriers à la fabrique de chaussures, 25 à l'atelier militaire de chaussures installé chez les Capucins de Conflans et qui, naturellement, ne survécut pas à la guerre. En définitive, celle-ci ne fit rien perdre à la petite industrie; au contraire, elle développa ses artifices en nombre et en importance : l'industrie du bois, les scieries au tout premier plan, à l'usage des baraquements du front, des cités volantes des formations sanitaires, de l'Intendance, de l'aviation et des cantonnements de repos. L'armistice a à peine ralenti leur fonctionnement; elles continuèrent jusqu'à fin 1920 à travailler intensément pour satisfaire, dans leur mesure, aux demandes pressantes venues des pays envahis. Les mêmes besoins sont en instance de faire naître deux nouvelles installations sur les bords de l'Arly, près du confluent : l'une pour l'usinage d'articles en aluminium, l'autre, à côté, une verrerie.

---

[1] Nous pouvons, d'après les indications recueillies sur les listes communales centralisées à la Préfecture, évaluer à 4,15 % les pertes du département de la Savoie.

Ugine. — La guerre fit mieux encore. Elle ménageait à Albertville, sur ses abords, une grosse surprise, une notable part dans les bénéfices d'une installation métallurgique prodigieuse et récente et dont l'influence au début de la guerre était très inattendue : ce furent Ugine et son satellite, Venthon. A vrai dire, Venthon, aujourd'hui éclipsé, est l'ancêtre d'Ugine. Tous deux sont des créations à dates très rapprochées (1898 et 1903) de l'initiative de M. Paul Girod dans ses nouveaux procédés d'adaptation du four électrique à la fabrication et à l'usinage de l'acier, mis en œuvre par la constitution, en 1909, de la Compagnie des Forges et Aciéries électriques P. Girod. Pendant la guerre, Ugine a fabriqué des vilebrequins pour l'aviation, des tubes de canons de 75, des tourelles de tanks, des obus divers, des boucliers de tranchées, etc. Le nombre des ouvriers, de 700 avant la guerre, s'est élevé à 3.600 environ, dont 300 femmes seulement, plus de 1.500 mobilisés et toute une armée cosmopolite d'Espagnols, Grecs, Polonais, Arméniens, Annamites, Chinois, etc., une vraie tour de Babel. A la démobilisation, ce chiffre retombait à 2.500 [1], ce qui représentait un gain énorme de 1.800 sur l'avant-guerre. Il va sans dire qu'Ugine, en dépit de ses baraquements à l'usage de la main-d'œuvre étrangère et indigène, se refusait à hospitaliser tout ce flot. Déjà congestionné en 1914, il manque de place dans ses vallées resserrées. La propriété, extrêmement morcelée et fort chère, le terrain très accidenté, étagé de replats et d'encoches glaciaires, se prêtent mal à la construction de maisons ouvrières. Au surplus, le terrain disponible est largement absorbé par les usines que la guerre a considérablement multipliées.

Albertville, à 8 kilomètres, était à portée de main pour lui offrir, avec une partie de sa main-d'œuvre, ses garnis de la ville, des Adoubes, de Conflans, de Saint-Sigismond, les vides faits par la mobilisation, toutes ses disponibilités en vue du loge-

---

[1] *Alpes Economiques*, février 1921, p. 39.

ment. Ce ne fut qu'un jeu pour établir, après entente avec le P.-L.-M., une navette de trains ouvriers devant assurer la relève des équipes. Albertville leur confia 800 ouvriers originaires de la ville et de sa banlieue et près de 700 autres, des étrangers, dont elle assumait le logement, soit une équipe de 1.500, la plupart mobilisés.

Aux 3.000 ouvriers d'Ugine, il convient d'ajouter les 300 de Venthon, dont 100 femmes et 150 mobilisés, travaillant à la fabrication des obus à l'usine Peugeot. Sur ce nombre, 200 environ logeaient à Albertville, ce qui porte à près d'un millier le nombre des Albertvillois travaillant aux usines de guerre de l'Arly et de 1.500 à 1.700 l'ensemble de ceux qui trouvèrent gîte et couvert dans la ville et ses abords immédiats, au cours et plus spécialement vers la fin de la guerre, en 1917 et 1918. La démobilisation en a éloigné aujourd'hui les 700 étrangers. Il en reste 1.000 [1] contre 100 avant la guerre. C'est un gain net de 900, non compris leurs familles; donc un effectif tout nouveau d'au moins 2.000 habitants, qui compense largement la disparition momentanée de la garnison. En grande partie étrangers à la ville, ils sont venus d'un peu partout : les spécialistes, des centres métallurgiques les plus divers; les autres, dans la proportion inverse de la distance de leur pays d'origine; un grand nombre même prélevés sur la main-d'œuvre agricole. De Saint-Pierre-d'Albigny à l'aval, jusqu'à Tours, Flumet et Faverges à l'amont, il est peu de villages, à l'intérieur de ces limites, qui n'aient un ou plusieurs émigrés travaillant à Ugine et le plus souvent en résidence à Albertville.

Il résulte de tout ceci que le gros de l'armée du travail est absorbé par la métallurgie, qu'Albertville, de petite ville commerciale, administrative et militaire est devenue, aux usines

---

[1] Sous réserve du tassement et des nombreux départs provoqués par le chômage forcé du début de 1921. Cette réserve s'impose pour tout ce qui relève de l'influence d'Ugine, en instance d'une éclipse qu'il faut souhaiter très passagère.

près, une importante ville industrielle, non pas autonome, mais dépendante d'Ugine et animée par son voisinage bienfaisant. Elle est *son faubourg industriel,* sa principale réserve de main-d'œuvre et comme son annexe de corons, sa *cité ouvrière.*

Ce ne sera pas une de ses moindres surprises que le grand désordre de la guerre aura été un facteur de progrès, qu'il aura contribué à créer de la richesse et du bien-être, comme il a été pour nos régions alpestres, pour Albertville en particulier, un levier économique d'une puissance inespérée. Il en a fait une *profiteuse de la guerre;* il l'a soutenue et radicalement rénovée. Il l'a sortie de la banale ornière où se morfondent tant d'uniformes sous-préfectures pour la mieux régionaliser, l'adapter d'une façon nouvelle à son cadre montagneux et l'animer de la vie de sa montagne, de sa parure végétale et de la puissance de ses eaux.

CONCLUSION

L'Albertville d'aujourd'hui n'est que le terme provisoire d'une évolution rigoureusement déterminée par les conditions géographiques de son site bien plus que par les événements historiques. Simple bourg rural et tête de pont, avec 253 habitants en 1756, sa vie fut d'abord ralentie et comme précaire, incertaine à la naissance d'une plaine alluviale amphibie et mal défendue contre les divagations d'un torrent puissant et indompté. Toutefois il s'est révélé un peu avant cette date, sous l'action de la « voiture » du sel, en recueillant la succession de Conflans, irrémédiablement atrophié par la descente de la route de Tarentaise qui le faisait vivre. Ce fut comme une manière de captation de testament ou, si l'on veut, de capture de cours d'eau. Les avantages du site, intelligemment, obstinément exploités, triomphèrent de toutes les résistances. L'Arly endigué, Conflans découronné et humilié par la Révolution, l'Hôpital sut tirer parti de son avance, favorisée par le nouveau régime. Et devant le fait accompli, la Restauration Sarde ne songea pas à ranimer la bicoque déshéritée, en dépit des protestations indiscrètes d'un loyalisme qui avait fait ses preuves. Ce régime fut éminemment bienfaisant pour Albertville, comme pour la Savoie entière. S'il ne put pas être restaurateur ou simplement réparateur pour Conflans, il sut être pour Albertville créateur et organisateur. Aucune ville du duché ne lui est plus redevable. Il fut, à la lettre, le « Buon Governo ».

C'est alors que la petite ville, à vrai dire un bourg agricole, passager et marchand, inaugure la série de ses bonds, où l'élément rural, à peu près stationnaire, est progressivement dépassé, débordé, noyé par le flot des étrangers devenus la masse urbaine,

En même temps, l'évolution topographique de la ville cède à la poussée et aux besoins d'une population accrue et d'un chiffre d'affaires sans cesse ascendant. L'annexion de 1860, après un léger temps de perturbation et de réadaptation, s'y emploie soigneusement. Sa gare terminus y provoque l'éclosion d'un quartier, d'une ville nouvelle et renforce sa prérogative de capitale régionale d'approvisionnement, de centre d'échanges entre gens du bas et du haut. Mais bientôt la voie ferrée se faufile dans les hautes vallées intérieures. Le périmètre économique d'Albertville s'en trouve diminué ; en revanche, la clientèle de ses foires y gagne sensiblement et son rôle de place forte des Alpes du Nord, sa garnison, se voient renforcés.

Enfin le chemin de fer autorise la mise en valeur de l'énorme potentiel hydraulique des hautes vallées. Albertville, dans une basse plaine alluviale, à 340 mètres, se trouve un peu à l'écart des grandes chutes et de leurs installations industrielles. Du moins, elle leur prêtera toute sa main-d'œuvre, toutes ses disponibilités, additionnées d'un apport étranger considérable, d'une industrie locale qui s'éveille. Aussi bien, la cité usinière d'Ugine, qui aurait pu être une rivale dangereuse, lui rendant amplement la monnaie de la pièce dérobée à Conflans, Ugine qui aurait pu exercer vis-à-vis d'elle l'effet d'une pompe pneumatique, fut pour Albertville un bienfait inespéré. Il lui rendit la vie et fit mieux que de la tirer de sa léthargie menaçante. Il la préserva des morsures de la guerre et sut couvrir largement ses pertes : la disparition de ses morts et de sa garnison. La transfusion de vie venue d'Ugine, si elle se maintient, conjurera le danger d'anémie qui paraissait menaçant vers 1901 et lui permettra de réagir vigoureusement.

De même pour l'avenir. L'aménagement prodigieux en cours des forces réunies du Haut-Arly et des Dorons de Beaufort, le projet grandiose de captation et d'adduction des eaux de l'Isère à Aigueblanche en une basse et puissante chute à Grignon, ne peuvent que dorer son horizon. Le transport des forces n'étant plus qu'un jeu, sa plaine alluviale se prêtera à toutes les installations et la main-d'œuvre trouvera à s'y loger tout à son aise.

Ce sera sans nuire, loin de là, à son activité commerciale, à ses foires, à ses marchés, à l'exploitation agricole de sa banlieue rurale où l'exode de la main-d'œuvre devra chercher dans le machinisme les moyens de parer à la diminution des bras. Le futur et prochain tramway de Beaufort pourrait bien, à ce titre, en supprimant un débouché important, déterminer un léger fléchissement des affaires et de la population. Ce ne pourra être qu'une simple oscillation, un palier dans la courbe ascendante.

En définitive, les conditions géographiques du site d'Albertville et de sa zone d'influence lui ont fait une vocation solide, créé des aptitudes variées dont elle est loin d'avoir éprouvé la série. Elle n'a pas épuisé la réserve, le cycle de ses possibilités et de ses surprises. Qu'elle soit devenue actuellement, un peu par hasard, un faubourg, une annexe industrielle d'Ugine, c'est heureux, mais cela peut n'être que passager et ne doit pas autoriser à soutenir qu'elle ne peut plus être que cela.

L'Albertville d'aujourd'hui, « fils de son passé et gros de son avenir », est donc bien la mise en œuvre des avantages de son site. Il n'est pas prouvé qu'il ait dit son dernier mot. A la faveur de son étoile de routes parfaitement constituée, de son réseau ferré en voie d'achèvement, des multiples projets de nouvelles voies transalpines toutes tangentes ou presque à son confluent, Albertville est en instance de devenir une importante « plaque tournante » des Alpes du Nord. La facilité des transports peut y amorcer, autant et plus qu'à Ugine, les plus grandioses installations industrielles.

En tout cas, pour le présent, il lui reste d'être un carrefour de hautes vallées où l'industrie, dès aujourd'hui, tend à primer les ressources agricoles, pastorales et forestières, un marché, une place forte, un centre routier, touristique et hôtelier, une ville administrative. C'est une sous-préfecture originale, une parvenue qui commande le respect et la sympathie parce que fille de ses œuvres autant que de la nature, intéressante dans son avenir comme dans son court et brillant passé.

En terminant ce travail, nous devons témoigner nos plus empressés remerciements à tous ceux qui nous ont aidé de leurs observations et de leurs conseils, et particulièrement à M. Raoul Blanchard, M. Gabriel Pérouse, archiviste départemental de la Savoie, M. Devaux, inspecteur du travail à Chambéry, M. le capitaine Mugnier, directeur du personnel des usines P. Girod, à Ugine.

Notre gratitude va également au Conseil municipal d'Albertville, pour la très flatteuse subvention dont il a bien voulu honorer cette publication ; nous lui associons le Syndicat d'initiative d'Albertville et son distingué président, le Dr Félix Merlot. Grâce à ces libéralités, nous avons pu adjoindre à ce travail les illustrations qui nous semblaient nécessaires.

DOCUMENTS

1° CONFLANS

Les Royales Salines de Conflans. — Arch. Savoie. C. 1124.

Origine des salines : *in* (les Bâtiments), f° 18 verso. — « La source abondante d'eau salée (*alias :* la gouillâ salâ qui affleure à la base du rocher triasique de Melphe) qui existe dans le village de Sallins, distant de cette ville (Moûtiers) d'un petit quart d'heure, donnant à espérer un produit considérable en sels, et ses avantages qui en résulteraient tant aux Royales Finances qu'à cette province, donnèrent lieu à l'établissement des salines de Moûtiers qui commencèrent à être en quelque action en 1732 et continuèrent jusqu'en 1742, que ce duché fut occupé par les Espagnols ; ayant resté pendant l'intervalle de cette guerre dans l'inaction, on reprit la fabrication des sels en 1749, et l'année suivante, comme ladite source fournissait une quantité d'eau au delà de ce qu'on pouvait en employer auxdites salines de Moûtiers où le terrain ne permettait pas d'augmenter le nombre des bâtiments de graduation et en vue des difficultés rencontrées dans le traité des sels de Pequaix dont ce duché est assorti et des engagements contractés avec MM. de Berne de la fourniture d'une quantité considérable des sels desdites salines ; S. M. daigna ordonner la construction des nouvelles salines de Conflans qui commencèrent d'être en action en 1753. En vue de ces objets qui sont rappelés dans ce règlement desquels résultait la convenance de rétablir et entretenir dans un bon état les salines de Moûtiers et de porter à leur perfection celles de Conflans. »

Bâtiments. — Comme ceux de Moûtiers, ils comprennent le bâtiment proprement dit, avec logement du directeur ; la graduation où l'eau salée venue de Moûtiers achève de se *décrasser* et commence à se concentrer par le moyen d'une roue élévatrice qui la déverse goutte à goutte et la filtre grossièrement sur des fagots d'épines ou le long de balais appropriés de 8 mètres de long et faits de cordes en étoupe ; les maisons de cuites où 26 chaudières achèvent de l'évaporer et d'en crisalliser le sel ; un bassin, dit du sel au soleil, pour épargner le bois de cuite, mais qui, nonobstant son rendement de 1.000 quintaux, ne donna que des déboires et fut vite abandonné « par rapport aux ouvriers qu'il occupe » et à l'impureté de son sel ; le magasin de l'empochement des sels, de la sacquerie et de l'emballement de la « voiture » ; — enfin les ouvrages annexes : le canal de l'eau salée et ses trois purgatoires, le canal d'eau douce à l'Arly et leurs digues de protection.

Le personnel. — 4 employés communs aux deux salines, 1 directeur principal, 1 inspecteur de tous les bâtiments, artifices, canaux et ouvrages dépendants, 1 inspecteur des bois, 1 caissier. A Conflans : 1 directeur logé, 2 receveurs (l'un à l'empochement et sacquerie, l'autre à l'expédition pour la voiture) avec chacun 1 contrôleur adjoint.

Ouvriers pour la construction en septembre 1754 : 1 entrepreneur, 13 charpentiers, 8 maçons, 40 manœuvres, 70 voitures ou bouviers. A la fabrication : 1 chef principal du bâtiment de gradflation à 35 livres par mois, 1 charpentier 25 livres, 2 chefs arroseurs 21 livres, 8 arroseurs à 20 livres, 1 chef principal de cuites 35 livres, 3 chefs cuiseurs 29 livres, 6 cuiseurs 25 livres, 1 maréchal 40 livres, 1 garçon maréchal 20 livres, 10 surnuméraires pour aider aux cuites, ensacquer, raccommoder les chaudières, empocher les sels et les emballer. (C. 1254.) Le règlement prévoit la diminution des salaires pendant les trois mois d'hiver. Une réclamation du B. des R. F. trouve trop forte la paye de l'Allemand, maréchal sédentaire et invite à la ramener de 40 à 35, puis à 30 livres, de même elle compte « trop d'ouvriers extraordinaires ». (C. 1173.) Pour n'avoir pas à y recourir, on prélèvera, surtout en hiver, ceux qui ont des loisirs et qui connaissent la charpente, aux réparations des bâtiments, les autres au changement des épines, au curage des canaux, les cuiseurs à réparer chaudières, grillages et fourneaux, les emballeurs demeureront occupés à la voiture « se continuant tant en hiver qu'en été et exigeant le même nombre d'ouvriers ».

Le recrutement devait se faire à l'exclusion des étrangers parmi les nationaux ; « mais on n'y rencontre pas la même habilité et les mêmes dispositions. (De plus) on trouve très peu d'ouvriers du païs qui veulent s'engager pour un temps fixe, parce que tous les païsans ont quelques fonds de terre qu'ils préfèrent de cultiver et de rester chez eux quoique très pauvrement. Cette inclination des naturels du païs est la cause qu'on trouve difficilement des censiers et dans le tems des semailles et moissons des ouvriers à journées ; et ce qui est plus surprenant c'est que dans un païs rempli de forests les naturels du païs se soient jamais voulu mettre au fait de couper les bois, pour lequel ouvrage il y vient toutes les années des Allemands et principalement du côté du Tirol... » Ce n'est pas à dire qu'ils donnèrent tous satisfaction. Dès 1754, on dut remplacer « parce qu'il se donnait au vin » le chef principal du bâti*ment de la graduation*, le *saxon Jacob Vrib, amené dans ce païs par* le baron de Busth. Il fut remplacé par J. Padey, de Sainte-Ombre.

Le bois de cuite. — Toute la forêt de Rhonne y passe de 1754 à 1758, malgré les réclamations des gens de Conflans dont elle est l'unique réserve d'affouage. Le bois est vendu 13 livres 2 sols la toise rendue entoisée auprès des cuites. Après quoi, on installe deux râteaux pouvant servir de ponts : l'un sur l'Isère pour les bois flottés en aval de Moûtiers, l'autre sur l'Arly « pour les bois de la vallée de Beaufort et des autres communautés tant du Genevois que du Faucigny qui tombent dans ledit torrent ». *Joints :* les épines des îles caillouteuses de l'Isère, vite épuisées, et les vernes de La Bâthie, Tours, Sainte-Hélène, appréciables mais insuffisants.

Production. — L'eau de Salins n'est que faiblement salée : 1 gramme de sel pour 144 d'eau brute, soit 7 grammes environ par litre contre une moyenne de 35 grammes pour l'eau de mer. Cette faible teneur est le fait d'une quantité de petites sources d'eau douce qui se mêlaient à celle de l'eau salée et qu'on ne parvint jamais à isoler ni détourner. La *crasse blanche*, qui obstrue si vite le canal en dépit de ses trois purgatoires, représente à la source un quart du poids du sel.

Un sous-produit. — Ce sont les *grobes*, résidu cristallisé des chaudières après étuvation. Après le marquis de Sales, « un sieur Abraham Zimmermann demande à les utiliser pour fabriquer du sel purgatif d'Angleterre ».

Tentative de mise en fermage des salines de Conflans. — Ce fut la concession Stettler (1774-1779), à seule fin de construire à ses frais, par privilège exclusif pendant 30 ans, bâtiments, agrès, engins nécessaires à l'application d'un nouveau procédé de fabrication, plus économique et rapide, moyennant une ferme annuelle de 12.000 livres les cinq premières années, 25.000 pour les vingt-cinq autres. Les salines demeureront Salines Royales. « Il sera permis à l'entrepreneur de faire venir des ouvriers étrangers, quoique non catholiques, sans cependant congédier les ouvriers actuels des salines, sans un motif juste et raisonnable qui soit reconnu pour tel par l'intendant délégué. » Mais le fermier suisse Stettler ne fit pas de brillantes affaires. En tout cas, sa déconfiture paraît avoir été provoquée par l'incendie de 1776 qui détruisit les magasins à sels, les cuites et presque tous les artifices excepté l'aile du bâtiment du couchant. (C. 562.)

Les routes du sel furent celles des vallées confluentes, soigneusement entretenues, à la requête des commis des gabelles, « pour ne pas rompre le commerce et voiture du sel » (C. 504) et ne pas laisser congestionner les magasins des salines et les entrepôts d'étapes. Leur attention se porte spécialement sur les points les plus menacés; par les corrosions des inondations en amont de Conflans, à la rampe scabreuse, souvent glacée ou ravinée de la route de Pallud à Ugine; les gorges de l'Arly où plus d'un convoi de muletiers s'est abîmé, la route très incertaine, à l'envers, entre Aiton et Rhonne. Le 21 décembre 1786, une réparation est réclamée d'urgence à Marthod où la route est coupée par une crue de l'Arly « en sorte que la voiture de nos sels est suspendue ...car il est indispensable de faire continuer cette voiture pour débarrasser les magasins dont nous avons besoin ». (C. 504.) Entre Aiton et Rhonne, « ayant vu cette route depuis plusieurs années et ayant nouvellement vu l'état des obligations établies pour les entrepreneurs du transport du sel qui ne peut être transporté actuellement par aucune voiture à roues d'Aiguebelle pour aller à Conflans par les Millières... étant icelle presque impraticable », il y a urgence à la réparer et à la rendre propre à ladite voiture... C. 504. 13 août 1774. Pour réaliser l'économie d'un transbordement sur le lac d'Annecy dans la voiture des sels destinés au Genevois, au Chablais, au Faucigny et la Suisse, on songea, mais pour y renoncer dès 1754, à établir à Sallanches un entrepôt régional, d'où le sel serait descendu jusqu'à Genève économiquement en radeaux sur l'Arve rendu navigable. C. 565.

Les étapes de la voiture et entrepôts du sel. — *En Savoie :* Moûtiers, Cevins, Conflans, *L'Hôpital* (le pont du sel sur l'Arly et sa gare régulatrice sauf pour la Tarentaise). *Maurienne :* Aiguebelle, Saint-Jean-de-Maurienne, Modane. *Basse-Savoie :* Montmélian, Chambéry, Le Bourget, Yenne, Saint-Genix. *Haute-Savoie :* Ugine, Verrier, Annecy, Rumilly, Le Regonfle, L'Eluiset, La Roche, Thonon, Sallanches. *Vers la Suisse :* par L'Hôpital, Ugine, Verrier, Annecy, à Genève, Bellerive, Neufchâtel et Berne. C. 1378 et 1320.

Une fête laïque de la Victoire et des Morts de la Guerre en 1793 ou 1794 à Conflans. L. suppl. 2. — « Projet pour le plan de la fête qui doit se célébrer le 10 du courant :

« 1° A 10 heures du matin se réuniront sur la place de la Liberté tous les fonctionnaires publics du canton de même que tous les autres citoyens et citoyennes ; 2° Là, il sera dressé, au pied de l'arbre de la liberté, un autel de la Patrie, surmonté d'une inscription portant : *Aux Braves Défenseurs de la Patrie*, au-dessus de laquelle sera suspendue une couronne de laurier ; 3° Au-dessus de l'autel flottera le drapeau tricolore ; 4° Après la lecture de la loi, le Président prononcera un discours analogue à la fête, et ensuite donnera le baiser fraternel aux volontaires blessés ainsi qu'aux parents des défenseurs morts en combattant pour la cause de la liberté ; 5° Un détachement de la Garde nationale sera sous les armes et fera une décharge de mousqueterie à la fin du discours du Président ; 6° Les jeunes citoyennes seront particulièrement invitées d'y assister vêtues en blanc et d'y chanter alternativement avec les citoyens quelques hymnes patriotiques ; 7° L'on dansera la farandole autour de l'arbre de la liberté et l'on ira deux à deux faire le tour de la ville en chantant des hymnes républicains, après quoi chacun se retirera aux cris mille fois répétés de vive la République, et ira dans sa famille faire goûter les avantages que nous procurera la paix, résultat infaillible de tant de victoires ; 8° L'exécution du présent est spécialement confiée au zèle et à l'activité de l'Agent municipal de Conflans qui en sera chargé et fera une invitation au Capitaine de la Garde nationale pour faire commander quinze hommes de sa compagnie et les tenir prêts à être sous les armes à 9 heures du matin.

Vive la République ! »

L. suppl. 1. Egalité, Liberté. 24 février 1793, an II de la République. Extrait des procès-verbaux de la municipalité de Conflans.

(Un serment civique à Conflans.) — Nous, J.-Fr. Buloz, faisant fonction de maire de la présente municipalité, le maire absent pour l'intérêt de la commune, Cl. Coutin et Cl. Payoz municipaux, nous nous sommes transportés dans le couvent des Bernardines de Conflans et dans la chambre qu'occupe le citoyen Gaspard-Antoine Dunand leur confesseur actuellement malade depuis les fêtes de la Noël, afin de connaître sa disposition sur le serment civique ordonné aux ecclésiastiques. Nous nous sommes acquittés de cette commission. Ledit citoyen Dunand nous a répondu qu'il était octogénaire, malade et entièrement dispensé des fonctions publiques du culte, que malgré toutes ces raisons, il n'entendait point s'exempter du serment civique d'autant plus qu'il n'avait rien de contraire à la foi catholique, apostolique et romaine, et d'après le sentiment des auteurs ecclésiastiques sur l'autorité de l'évangile et la doctrine des apôtres qui ont été obligés, en pareil cas, d'obéir aux puissances temporelles qu'on doit regarder comme émanées de Dieu et a requis la municipalité de recevoir son serment ce qu'il a fait comme suit :

Je, Gaspard-Antoine Dunand, promets et jure de remplir mes fonctions avec exactitude, de maintenir la liberté et égalité, ou de mourir en les défendant, de quoi il a requis acte au maire que ce dernier lui a accordé et signé. Signés à l'original : Buloz, Payot, Coutin. Ce dernier a fait sa marque : signé : Dunand.

Par extrait : Brunier.

Le capucin Gabet de Conflans, protégé de la municipalité. (Se trouvait en prison à Montsalin, le 7 thermidor an II.) Egalité, Fraternité. — La municipalité assemblée en conseil général. Le Maire fait lecture d'une lettre à lui adressée par le citoyen François Gabet, ex-capucin, qui pétitionne la municipalité pour qu'elle veuille bien le prendre sous sa responsabilité. Considérant que ledit citoyen Gabet, pendant plus de 30 ans qu'il a habité cette commune, a tenu une conduite des plus exemplaires et des plus irréprochables, que depuis notre heureuse réunion à la France il n'a donné aucune preuve d'incivisme, qu'il s'est conformé à la loi, en discontinuant l'exercice de ses fonctions ecclésiastiques, que dans le temps qu'une compagnie de nos frères d'armes furent casernés au ci-devant couvent des Capucins, qu'il habitait encore, il se rendit très utile auxdits volontaires et se concilia leur affection par ses discours, sa douceur et les secours médicinaux qu'il leur prodignait.

Considérant que les égards et le respect que la nature nous impose envers la vieillesse, ledit Gabet étant plus qu'octogénaire, lui font un devoir impérieux d'adhérer à sa demande. Déclare, ouï l'agent national, qu'elle n'hésite pas de le prendre sous sa responsabilité sans craindre de compromettre la tranquillité publique...

Fait à Conflans, le 9 frimaire an III.

Fontaine, maire.

Certificat de civisme à une Bernardine de Conflans, sécularisée sur place. L. suppl. Conflans 1, 29 floréal an III. (Avait abjuré son divorce avec le bon sens, la nature et la raison ; c'est-à-dire 29 ans de vie religieuse ! le 1er germinal an II, avec quatre autres ci-devant Bernardines.) — Nous, officiers municipaux de la commune de Conflans, sur l'attestation des citoyens J.-B. Dubois, Claude Combet et Valentin Janin, tous habitants de cette commune, et que nous déclarons bien connaître, certifions que la citoyenne *Catherine Genin*, ci-devant religieuse au couvent des Bernardines, s'est présentée aujourd'hui par devant nous, qu'elle a résidé dans cette commune depuis le 9 may 1792 jusqu'à présent sans interruption, qu'elle n'a point émigré et qu'elle n'est point détenue pour cause de suspicion ou de contre-révolution, certifions, en outre, que ladite citoyenne Catherine Genin, âgée de 56 ans, taille de 5 pieds environ, cheveux et sourcils châtains et gros yeux, visage ovale, bouche moyenne, menton rond, nous a représenté ce certificat de son civisme que nous lui avons délivré suivant les formes prescrites par la loi et qu'elle n'est sujette à aucune contribution, pour n'avoir aucun bien...

Fait le 15 floréal an III.

Interdiction de l'exportation des gruyères au bénéfice de Paris par voie de réquisition. L. suppl. Conflans 1. — Le citoyen Grogniet, receveur du district, payera à la citoyenne Pernette Œuillet, de la commune de Conflans (habitante à L'Hôpital), la somme de 12 livres 19 sols 10 deniers pour le loyer de 2 mois 12 jours (estimé à 65 livres par an) d'une de ses boutiques qui a servi de corps de garde (à l'entrée du pont aux Adoubes) à l'effet d'empêcher la soustraction des gruyères mis en réquisition pour approvisionner la commune de Paris...

29 floréal an III.

Vial, maire ; Fontaine, secrétaire.

Les volontaires à Conflans en 1792-1793. — Procès-verbal de la séance de la commnune de Conflans du 4 janvier 1793... le corps au complet... tous ayant ouïs la lecture du procès-verbal du 29 décembre dernier, par lequel ils ont observé que sur les réquisitions du procureur sindic de la Commission, ils ont été condamnés à payer 190 livres 15 sols pour les motifs énoncés audit verbal. La municipalité pense n'être point dans son tord et de s'être acquittée autant qu'elle a pu de ses devoirs, ainsy qu'elle l'a fait observer aux Commissaires qui sont venus pour informer... Elle députe Cl.-Ant. Vial, maire, vers ladite Commission pour faire toutes les représentations et justifications qu'il jugera à propos... lui présenter tous les états des fournitures que la commune s'est procurée des communes voisines qui consistent en draps, couvertes, paillasses, banquettes et traversins, foin, paille, avoine et bois, avec un état des payements faits à différentes communes, de même qu'un état de toutes les avances qui ont été faites par le service de la troupe française par ladite commune.

Idem. **Cantonnements et réquisitions à Conflans et environs.**

I. CITOYENS,

Je vous préviens que vous aurez en quartier d'hyvers dans la ville de Conflans cinq compagnies et l'état-major du 1er bataillon des volontaires, ce qui formera environ 450 hommes. Vous voudrez en conséquence prendre des moyens pour les y caserner ou les loger dans les maisons des particuliers. Vous leur fournirez en conséquence la quantité de 225 chats de liets, 225 palliasses, 225 matelats, 225 couvertes, 450 paires de draps. Je vous prie de prendre des moyens sûrs et prompts pour faire fournir la demande. Vous pourrez requérir les communes dépendantes de votre ville pour vous aider à compléter les fournitures qui vous seront nécessaires. Il vous sera payé un loyer des effects de logement que vous fournirés...

L'adjoint à l'E.-M. de l'Armée de Savoye, Rey.

Fait à L'Hôpital, ce 14 novembre, an I de la République française (1792).

II. L'adj. général de Bavelanne chargé du cantonnement des trouppes françaises en quartier d'hyvers dans la Savoye requierre la municipalité de la ville de Conflans de lui donner le logement et les fournitures de six compagnies de volontaires nationaux, sous l'espace de 10 jours. La présente fourniture sera répartie par toutes les communes qui environnent cette municipalité.

Conflans, ce 19 novembre 1792.

De Bavelanne, adj. général.

En cas que quelques communes se refusassent à donner les fournitures cy-dessus, il leur sera envoyé en quartier d'hyvers autant de soldats qu'il leur sera demandé de fournitures, l'*emplacement* des compagnies à Conflans sera situé : au Capucins pour la compagnie des grenadiers ; au château du Noyer et à la chapelle des Pénitents il y aura deux compagnies ; maison des Religieuses et de Joly et Janin une compagnie ; à la maison des salines deux compagnies. La municipalité de Conflans est requise de faire réparer le château du Noyer et de faire travailler à la salle des salines ainsi qu'il a été convenu avec ledit adj. général de Bavelanne.

III. Citoyens (municipaux de Conflans) je vous préviens que le 3e bataillon des volontaires de l'Izère arrivera à L'Hôpital et Conflans le 22 du X courant pour y tenir garnison jusqu'à nouvel ordre. Le 1er bataillon des Landes part le 22 pour Mouthier. Le 3e bataillon des volontaires de la Drôme logera le 24 à L'Hôpital et Conflans. Vous voudrez bien prendre les moyens les plus prompts pour accélérer les demandes qui vous ont été faites pour le logement et les fournitures de ces troupes.

Saint-Jean-de-Maurienne, 16 décembre an I.

L'adjoint aux adjudants généraux, Rey.

Pillage des caves nobles à Conflans. (Roch Libre), 28 thermidor an II.

Au citoyen Vandal, agent national près le district de Montsalin.

Cytoyen,

Il y at encore par approximation 5.431 pots de vin séquestré, à prendre dans les caves des émigrés, détenus et déclarés suspects dans le canton de Roch Libre. Scavoir : 205 bouteilles de vin de Montmeillant, selon ce qu'on m'a dit, — 70 autres bouteilles de vin de 3 ans, de Roch Libre, — 8 bouteilles vin paillé de 6 ou 7 ans, — 7 pots environ même vin dans un barillon, — 200 pots environ vin de cette commune de 4 ans dans un thonau. Ces deux derniers devraient être mis en bouteille. Tous les autres vin sont de l'année et du crû de Roch Libre, à l'exception d'un thonnau de Graisy, et tous bons et susceptibles de transport. Il n'y en at que 500 pots environ qui soit d'une médiocre valleur.

Il n'y a point de voiturier qui veuillent se charger de le transporter à Montsalin. La voie la plus économique est de le faire voiturer par ceux qui ont des bœufs, il n'en manque pas, et de le faire suivre tout de suite à sa destination afin qu'il ne dépérisse pas, soit par la fraude, soit par les chaleurs. Mais je vous observe qu'on ne trouve plus des barils, des petits thonaux. J'en ai plus, il ny at que des grands, non susceptibles d'être placés sur voitures. Je voudrai bien avoir des 8 petits thonaux qui nous ont été adressés. J'attends sur tout ce que dessus votre avis.

Vous trouverez inclus la notte des articles en fer, riblons, planches, parefeuilles, clous, etc., reconnus dans l'inventaire de Cl. Ant. Périer, détenu, desquels la nation pourrait avoir besoin. Plus, un état spécifique des pièces relatives à son fief de la Bâre, lesquelles il aurait eu soin de bien cacher, dans un petit cabinet dont l'entrée était masquée par un burau et bibliothèque...

Salut et Fraternité.

Joseph Jacquemod, l'aîné, commissaire.

Cantonnements et réquisitions pour les volontaires en quartier d'hyvers à Conflans. — Les communes dépendantes qui y contribuent sont : (L'Hôpital est excepté ?) Conflans, Les Millières, Guignon, Monthiond, Sainte-Héleine-des-Millières, Venthond, Césarches, Tencysol, Allondaz, Marthod, Ugine, Outrechaise, Queige, Villard. De Pallud on a reçu 19 couvertes mauvaises pour 10 parce que l'on les a doublé. Elles ont fourni un total de 65 traversins, 166 couvertes, 413 draps, 254 banquettes, 169 palliasses. Y compris Saint-Paul, Beauford, Cevin et Auteluce : 177 quintaux de foin, 221 de paille. Grignon et Monthion : 200 fagots. Monthiond : 130 voyages de bois pour la trouppe française pour 12 l. argent de France. 314 cartes d'avoine.

Payé à la veuve Bonna pour blanchissage de 48 draps : 4 liv. 16 s.

Etat de ce qui est dû à Cl.-Ant. Vial, maire, pour l'avance de fournitures diverses au 5e bataillon de l'Isère : banquettes, paillasses garnies au magazin, portes, serrures, chandelles, 2 fourneaux au Noyer et aux Sallines, une mollasse, des tuaux, cercles, 1 fourneau placé aux Capucins pour la compagnie grenadière, etc., soit : 224 liv. 19 s. 6 d. monoye de Piémont, 270 liv. argent de France.

Etat de ce qui est dû au citoyen Cl.-Antoine, officier municipal, pour réparations au château du Noyer, au pri-fait d'un maçon et charpentier, 1 barre de fer et 4 crimalières placées au Noyer pour l'usage de la trouppe, pour 2 journées à remplir des paillasses et les porter au Noyer avec des banquettes, 1 fourneau au corps de garde, 1 parroi avec porte et serrure à la prison destinée pour les militaires, 73 banquettes, transport de 2 malades, etc., 349 liv. argent de France.

Au citoyen Buloz, officier municipal : 73 francs 6 sous pour 10 aunes drap blanc pour les capotes, à 5 liv. l'aune, à la Margueritte Cusin pour blanchissage de 66 draps 6 liv. 12 s, 2 aunes serge alamante noire pour garnir la caisse du tanbourg pour le service du Commandant Servetu décédé à Beauford, pour l'arbre de la Liberté 5 liv., par exprès à Baptiste Ratellier par ordre du Commandant pour aller à Aime pour épier contre les Piémontais 6 liv., au petit Perrier pour aller à Tours pour l'ordre de la patrouille 1 liv., à Lachenal pour enlever les cordes de l'arbre de la Liberté 1: 10., payé à 5 hommes pour enlever la vieille paille pour l'usage des trouppes françaises 1: 5., à un nommé Dacquin pour le bouquet de l'arbre de la Liberté 1: 5., une cornue pour enlever les ordures des volontaires mis en prison 0: 15., etc.: 104: 15. argent de France.

Nottes des avances faittes par le citoyen Cl. Mamiot, officier municipal, divers : huille, cinabre, blanc de Creuse, bleu de Prusse, cloux, cercles pour l'arbre de la Liberté, 20 li. poudre pour tirer le canon en réjouissance de la réunion de la République française 24:, grand papier de chassi pour les casernes, etc.: 94: 1.

Conflans, 5 janvier 1793.

Les gens de Conflans et la réquisition des cochons pour l'Armée.

La municipalité de Conflans aux citoyens administrateurs du district de Moûtiers.

CITOYENS,

Nous vous transmettons cijoint un extrait du procès verbal que nous avons dressé ensuite de ce que plusieurs individus de cette commune ont tué leurs cochons quoiqu'ils eussent été mis en réquisition pour le service de l'armée ; et nous vous donnons avis que malgré la réquisition que la Municipalité leur fit à sa barre de les remplacer et représenter dans 24 heures, les citoyens Pierre Gonnier, Antoine Lassiaz, J.-Cl. Rosset-Lanchet, François-Joseph et Pierre Rosset-Lanchet ses fils, Joseph Deschamps, Gouret de Conflans, Joseph Martin de Monthion, Joseph Sibillion et Jean Rochaix de Grignon, n'ont point représenté leurs cochons ; et comme il n'existe actuellement plus de cochons, il ne paraît pas trop possible qu'ils puissent les remplacer, parce qu'ils sont tous tués ; ainsi vous prendrez contre eux les mesures que vous jugerez à propos ; notamment contre le citoyen Joseph fils de Cl. Rosset-Lanchet, parce que la Municipalité lui avait expressément recommandé de ne pas tuer son cochon, ainsi qu'elle lui en rappela encore la veille du jour qu'il la tué ; mais le citoyen Jean Rochaix paraît être un peu plus excusable, en égard que son cochon était tombé malade, il l'a tué pour son usage, parce que s'il était venu à périr, il n'aurait pu en tirer parti.

La Municipalité observe encore à l'Administration qu'il ne lui a pas été possible de faire remplacer les cochons manquants parce que lorsque le préposé lui a fait le rapport de ses opérations et de ceux qui ont manqué, tous les propriétaires de cochons avaient déjà tué les leurs, l'usage étant dans ces lieux de les tuer aussitôt que le froid paraît se faire sentir, et si nous avons tardé jusqu'à ce jour pour vous en faire part, c'est parce que l'on nous faisait espérer tous les jours, de remplacer ceux qui manquent.

Salut et Fraternité. Fontaine, maire. Fontaine, secrétaire général.

Le 31 août 1822, le syndic rappelle une délibération du Conseil du 24 juillet 1788 qui « prévient le public qu'il est défendu de tenir et de laisser divaguer dans l'enceinte et fauboargs de cette ville, des cochons, sous peine d'une amende de 50 liv. et confiscation des cochons qui seront trouvés divaguant sur les places et dans les rues, pour être, tant ladite amende que les cochons, confisqués et réversibles à l'Hôtel-Dieu de cette ville... » F. S. Albertville.

21 frimaire an III.

Les dévastations de guerre et autres des volontaires à Conflans et sa banlieue (1792-1793). — Extrait de l'ordre du général Badelaune (général de la colonne de Tarentaise, pour intercepter le passage des troupes ultramontaines, repoussant les troupes de la République repliées jusqu'à Conflans).

Le général Badelaune a donné ordre au corps des pionniers d'abattre sans délay les arbres de la route vers Moûtiers d'après l'indication de l'officier de génie.

En conséquence, le maire de Conflans (Vial) est invité de protéger l'exécution de cet ordre qui a pour objet la deffence du pays.

A L'Hôpital-s/-Conflans, 20 août an II.

Général de brigade, Badelaune.

(De plus il) fit abattre un mur de soutènement du chemin soit rampe de Conflans, lieudit au Nant-Bosset, au-dessus de la vigne de la citoyenne Vve Vial de la longueur d'environ 4 toises 1/3 sur 10 pieds de haut et 2 pieds 1/2 d'épaisseur ; outre ledit mur, le sol formant le chemin fut abattu jusqu'à peu près la profondeur de 6 pieds et de 12 de largeur, plus on fit abattre le parapet dudit chemin lieudit à la ci-devant chapelle de Saint-Sébastien d'environ 9 toises de long. sur 3 pieds de haut. de mur à mortier et 2 pieds de largeur.

Indemnité : admis pour la somme de liv. 2.100.

Quelques exemples de réclamations (sur 45). L. suppl. Conflans 1. — « Aux citoyens commissaires pour l'état des pertes occasionnées par l'invasion de l'ennemi actuellement à Conflans », en vue de l'indemnité prévue par la loi du 26 floréal an II de la République française.

N° 12. Tableau de la perte supportée par le citoyen Joseph Dogaz de Conflans par l'invasion de l'ennemi. Conflans, 7 pluviôse an III :

1° Il dit que dans le champ qu'il tient en acensement de la citoyenne

Venverial, situé à la plaine de Conflans, il avait en septembre 1793, soit lorsque les troupes françaises ont été repoussées par celles piémontaises, un gros tas de bled non battu, vulgairement appellé *teiche*, laquelle les volontaires ont défaite lorsqu'ils bivouaquaient près de la grange de J.-B. Colin, pour leur servir de lict, en ayant même gâté une grosse portion et jetant les javelles de part et d'autres, de telle manière que ledit Dogaz n'a pour ainsi dire rien retiré de ce gros tas;

2° Qu'ils ont pratiqué 2 chemins dans le champ qu'il tient en acensement du citoyen Mamiot; que par ce moyen ils ont réduit à rien le refoin dudit champ, outre le bled noir qu'il y avait semé;

3° Demande 2 sommées de vin pour la vendange que lesdits volontaires ont mangé pendant le temps de ce bivouacq à sa vigne située au bas de la rampe près de la maison dudit Colin; et le payement de la haye autour de son verger qu'il a été obligé de refaire plusieurs fois, en égard que lesdits volontaires la défaisait aussitôt qu'elle était faite pour courir à ladite vendange ainsi qu'au fruit des arbres qui sont dans ledit verger et chercher un azile dans la grange qui est dans le même enclos;

4° Il expose que lesdits volontaires ont mangé tout le fruit provenant des arbres fruitiers qui sont dans ledit enclos — et demande d'être mis au nombre de ceux que la loi dédommage à l'appui des témoins qu'il produira sur ces faits et d'après l'estime qui aura été faite du tout.

Joseph Dogaz : admis pour la somme de 178 liv.

N° 19. Le citoyen Pierre Janin de la commune de Conflans, expose que pendant la durée du camp sur le territoire de Saint-Sigismond, composé de plusieurs bataillons, quantité de volontaires et même en foule, ont passé sur le bateau de l'Izère et d'autres engayant la rivière et se sont presque journellement dispersés sur le peu de bien qu'il possède en Ronne et y ont ravagé toute la prise (récolte), au point que dans peu de tems il a vu ses espérances et sa nourriture réduites à pour ainsi dire rien. D'abord il avance que sur son dit terrein, on y a coupé environ 200 gabions pour le service du camp sans avoir aucun ménagement pour les arbres, coupant à droite et à gauche, sans distinction. Il ajoute que pendant cet ouvrage et les autres jours, les volontaires ont abattu tous les fruits en pommes et poires dont il porte le calcul aproximatif à 50 quartes. Plus environ 20 quartes noix. Chatagnes 50 quartes. Il dit encore que sur ledit bien il avait semé une 1/2 quarte froment, 2 quartes seigle, 1 de bled noir et 1 de pommes de terre; la récolte de tout quoi a été ravagé et foulé aux pieds par lesdits volontaires en y pratiquant des chemins de toutes parts. Il assure aussi qu'ils lui ont mangé de vendange pour environ 2 sommées au moins de vin. Il tait encore quantité de petits arbres qu'ils lui ont coupé ou rompu. Ils lui ont encore tué 3 poules et 1 lapin. Ces pertes sont considérables pour l'exposant, aussi il espère qu'il sera au nombre de ceux qui ont part à la bienfaisance de la nation.

Conflans, 8 pluviôse an III. Admis pour la somme de 429 : 16 s.

N° 17. Le citoyen Jean-François Marin de Conflans expose que par acensement du 14 avril 1793, il est resté adjudicataire des biens dépendants de la ci-devant cure dudit lieu, parmi lesquels a été compris un pré situé à la Barre contenant 1 journal 1/2 environ, ainsi qu'une vigne au-dessus. Que dudit pré il n'a pas recueilli la prise en égard que le bataillon des Landes s'en est emparé pour le lieu de l'exercice, ensuite le 5e bataillon de l'Isère et plus encore les Allobroges qui n'ont pas discontinué d'y faire paître leurs chevaux deux fois par jour pendant tout le tems de ladite récolte. Et quand à la vigne, il dit que lorsque les troupes françaises furent repoussées par l'ennemi, les volontaires en rompirent la clôture soit haye en plusieurs endroits pour courir à la vendange et brûler le bois ; il pense qu'on ne peut pas fixer cette perte plus bas qu'à 1 sommée de vin. Il ajoute encore que par autre acensement du dernier 16 ventôse, le même pré que dessus lui est aussi échu, mais il n'a pas non plus recueilli la moindre prise, en égard que le bataillon de Ronne et Loire s'en est aussi servi pour le lieu de ses exercices. Et plus dit ledit Marin qu'il y a semé 6 cartes de pommes de terre rouges derrière les salines dont ils ont été toute ramassés par les soldats du camp de L'Hôpital.

Il espère donc être rangé au nombre de ceux que la loi dédomage.

Conflans, 7 pluviôse an III. Admis pour 208 : 10 s.

N° 23. Le citoyen Grat-Lachenal de la commune de Conflans dit que pendant le bivouacq de Farette les volontaires lui ont pris dans son verger plus de 45 cartes tant pommes que poires, plus environ 4 quartes noix, qu'ils lui ont coupé un haut pommier, qu'il avait semé une 1/2 quarte chanvre dont la récolte a toute été foulée par lesdits volontaires, en abattant les fruits, plus qu'il avait semé une quarte pomme de terre et qu'il en a pas seulement retiré une parce que les volontaires avaient été avant lui les ramasser avec leurs bayonettes, plus qu'il avait semé en deux différents endroits, 2 quartes 1/2 bled noir, la récolte desquelles avait été réduite à rien par lesdits volontaires en y pratiquant quantité de chemins, plus qu'ils lui ont mangé de vendange pour plus d'une sommée de vin, ayant des treilles autour de sa maison, qu'ils lui ont volé 3 poulles. Il tait plusieurs menaces et bien de douzaine d'œufs, des fromages et différents autres articles dont le détail serait trop long et déclare ne savoir écrire.

Conflans, 8 pluviôse an III. Admis pour la somme de 163 :.

N° 26. Le citoyen Grat-Lassiaz feu Nicolas de la commune de Conflans expose que pendant la durée du bivouacq composé de 50 hommes tout près de son domicile à la section de Farette, les volontaires qui y bivouacquaient entrèrent dans sa grange d'où ils enlevèrent plus de 12 quintaux paille, et non contents de ce prirent encore 12 moilles (meules) de seigle mornard pour porter au bivouacq et s'en servir de licts, plus qu'ils ont arraché l'enclos du jardin pour brûler et courir au jardinage et environ 6 chariots de bon bois qui était autour de ses appartements, plus qu'ils lui ont coupé un arbre noyer dont le produit commençait à être de conséquence ; plus qu'ils lui ont volé 8 poulles, 1 drap de lict et 1 chemise, le tout neuf, plus environ 30 quartes fruits et 10 de pommes de terre, plus la moitié d'un tas de feuillages pour la construction de leurs barraques. Il ajoute qu'il avait semé 2 quartes bled noir sur différents champs, mais qu'il en a très peu recueilli en égard que lesdits volontaires y avaient pratiqué plusieurs chemins et foulé la récolte...

Conflans, 8 pluviôse an III. Admis pour 258 : 17 s.

N° 28. Claude Mugnier de Conflans, demande et représente que les volontaires qui ont bivouacqué à Farette, sont entré dans sa grange et y ont enlevé plus d'un quintal bled moitié battu pour se coucher dessus, qu'ils lui ont pris plus de 3 charriots bois et qu'ils lui ont gâté la récolte de 1 quarte 1/2 bled noir qu'il avait semé en différents champs en y pratiquant des chemins de tout côté pour abattre les noix d'un noyer qui se trouve au milieu d'un dit champ.

Il expose qu'ayant fait la lescive et la faisant sécher autour de sa maison, lesdits volontaires lui ont volé 8 chemises d'homme et 5 poulles, qu'ils ont déclos le jardin et pris tout le jardinage ainsi qu'environ 15 quartes tant pommes que poires ainsi qu'environ 1/2 sommée vin de vendange mangée. Ces pertes font espérer à l'exposant qui est un petit cultivateur d'être mis au nombre de la Bienfaisance nationale...

Conflans, 8 pluviôse au III. Admis pour 44 : 0.

N° 29. Expose le citoyen Noël Pacard habitant la commune de Conflans que lors de l'invasion faite dans ce district par les troupes piémontaises dans le courant de septembre 1793 vieux stile, l'armée républicaine, pour s'opposer à l'armée ennemie et empêcher que cette invasion ne fut poussée jusques en cette commune, a placé divers piquets dans la plaine de Conflans et notament dans la vigne du requérant qui n'est que censier du citoyen Manuel. Dans le milieu de ladite vigne était placé un piquet de volontaires qui lui ont dévasté totalement sa vendange, plus demande ledit Pacard la récolte de 5 cartes bled noir ensemencées dans une pièce de champ de la contenance de 2 journaux 1/2, plus la production de 12 arbres bois noyer, plus la récolte d'une pièce de treille où ledit Pacard ramassait ordinairement 12 cornues de vendange, plus la production de 8 cartes de pommes de terre. Tous les articles ci-dessus sont du terrain du citoyen Manuel dont ledit Pacard est censier. Plus demande à être dédomagé de 10 pièces d'arbres saules qui ont été coupés par lesdits ordres du général Badelaune, qui étaient chargés de leurs grosses branches, plus et finalement un tas de marais (blache) d'environ 14 quinteaux que lesdits volontaires luy ont dévasté. Ces deux derniers objets sont sur le territoire du citoyen Bongain dont ledit Pacard est censier. En vertu de quoi ce dernier n'étant qu'un censier agriculteur bien malheureux, d'ailleurs du nombre des incendiés à la journée du 10 décembre 1793 vieux stile, qui ne subsiste que de la production de ses travaux, se croit bien fondé de profiter des indemnités accordées par la Convention bienfaisante...

Maniglier, pour Noël Pacard exposant qui est illiteré.

Admis pour la somme de 805 : 12 s.

N° 30. Expose le citoyen Pierre Folliet, laboureur de cette commune de Conflans, qu'un des différents piquets dans la plaine était directement vers la grange que l'exposant tient en acensement du citoyen Brunier, lieu dit à la Peisse, qu'il lui a pris 2 charriots de paille dans sa grange en différentes fois pour se coucher; qu'ayant semé un champ de la contenance d'1/2 journal en blé noir, il en a perdu les 2/3 de la prise qui a été foulée par les nombreux chemins que ledit piquet y a pratiqué; qu'on lui a pris au moins 15 cartes de pommes de terre qu'il avait semé sur son terrain sous la cidevant chapelle de Saint-Sébastien, car il en avait semé 4 cartes et il n'en a retiré que 5; que le piquet placé vers la maison du citoyen J.-B. Colin, lui a entièrement enlevé la prise de 2 fossorées de vigne qui sont situé en bas du ruisseau Nanbotet du côté de Tours, dont il n'a rien recueilli; que des soldats lui ont pris de force un *bronsin* (marmite) tenant environ 3 pots...

Pierre Folliet, exposant illitéré. Admis pour 112 : 13 s.

N° 31. Expose le citoyen J.-B. Mamiot que lors de l'invasion... les troupes françaises... ayant bivaqué à la plaine de Conflans à côté de notre grange où était le corps de garde, à côté de ladite grange il y a un enclos en treille blanche au produit de 200 pots de vin que l'on m'a enlevé avec 1 chariot au moins de bois de treille servant à brûler pour le corps de garde et quantité de seppes (ceps) endommagés et aussi un noyer qu'on m'a coupé de la grosseur de 1 pied 1/2 de taille produisant 2 cartes de noix par année, une autre grande treille vers les Capucins à deux pas de la caserne des grenadié où l'on m'a vendangé entièrement au moins 300 pots de vin, ayant encore arraché le portail et brûlé quantité de bois de treille environ 2 chariots et ont coupé une 12ne de seppes par le pied, sans parler de la perte du dégat de ma maison laquelle j'ai conservé 6 mois où l'on m'a brûlé 2 gallerie parrapellée (avec parapets) en planche sapin. Pour les refaire il m'a fallu 4 douzaines de parrefeuilles avec tous les chassis des 2 grandes fenestres des 2 chambres avec 2 portes d'un placard à la hauteur de 4 pieds sur 3 de largeur et le tout en noyer. C'est pourquoi il recourt...

Conflans, 10 pluviôse an III. Admis pour 372 liv.

N° 32. Le citoyen Joseph Cusin de Conflans expose qu'il possède certains biens à la plaine de Conflans près de la rampe, part de Moûtiers sur lequel les volontaires qui bivouaquèrent en septembre 1793 soit lorsque nos frères d'armes furent obligés de replier à la poursuite de l'ennemi, pratiquèrent plusieurs chemins pour leurs exercices, en sorte qu'ils foulèrent tout le refoin et privèrent l'exposant de cette récolte ainsi que de celle du fruit du verger; que lesdits volontaires coupèrent une saule de laquelle il tirait chaque année jusqu'à 3 douzaines perches pour treilles et qu'ils lui ont mangé de vendange au moins à concurrence de 2 sommées de vin noir et 1 1/2 de vin blanc. Il ajoute qu'il avait semé 10 quartes pommes de terre dont il en espérait au moins 80 quartes, sans en avoir cependant ramassé qu'une quarte, le reste ayant été tiré et gâté par lesdits volontaires qui en arrachant lesdites pommes de terre ont aussi gâté et arraché la prise d'1/2 journal de maïs environ que l'exposant avait mêlé avec lesdites pommes de terre.

L'exposant qui ne possède pas grands biens et qui est surchargé de dettes, est persuadé que lesdits commissaires prendront sa perte en considération...

Conflans, 7 pluviôse an III. Admis pour 458 liv.

N° 33. Expose le citoyen Joseph Damas de Conflans, que lorsque les troupes piémontaises se retiraient dans la fin septembre 1792 vieus stile, placèrent leur artilerie dans la pièce de pré située aux Adoubes dont une partie d'icelle appartient au requérant, en conséquence la cavalerie et chevaux d'artilerie mangèrent le regain de toute la pièce de pré contenante environ 1 journal, et la troupe lui a dévoré entièrement la récolte de 12 arbres noyer et pour au moins la moitié de la récolte de sa vigne située au même lieu de la contenance de 12 fosserées, demande de plus la récolte en entier de la pièce de pré qui est la même que dessus, attendu que la troupe républicaine dans le cours de 1793 vieu stile, a continuellement fait l'exercice dans ledit pré, demande encore que les troupes républicaines furent repoussées par celles des Piémontais, elles ravagèrent entièrement la récolte de la vigne dont est fait mention cidevant, plus demande la vraie valeur de 7 pièces de bois peuplier qui lui ont été coupés ensuite des ordres de l'ingénieur français pour faire avec plus d'aisance la découverte de l'ennemi, lesquels arbres étaient situés derrière le battiment des salines, plus et finalement 5 cartes de pommes de terre semées audit lieu, qui ont été enllevées par les trouppes républicaines campées au camp des épines lieu dit sur le territoire de L'Hôpital, et traversaient la rivière pour venir prendre lesdites pommes de terre. En vertu de quoi ce dernier soit Dumas agriculteur réclame les indemnités accordées par la Convention bienfaisante...

Admis pour 441 liv.

N° 34. Le citoyen Pierre Ramus de Conflans dit que pendant le bivouacq à la plaine de Conflans, les volontaires lui ont arraché et mangé les aricots qu'il avait semé sur son terrein près de la Maladière dont la récolte pouvait être de 3 quartes, non contents de ce qu'ils ont encore brûlé le bois au nombre de 3 chariots; plus qu'il avait semé 3 quartes pommes de terre, sans avoir pu recueillir aucune parce que les volontaires les avaient toutes tirées; plus que la semence qu'il avait jetté en graines de raves dont il espérait en retirer au moins 20 cartes, il en a pas recueilli du tout. Se plaint encore qu'à sa vigne dépendante de la ferme qu'il a du citoyen du Bois, les volontaires non contents d'en avoir mangé la vendange au montant environ de 5 sommées, ils ont encore cassé des seppes, enlevé les bois tant en forchaix, perches que fillières, d'environ 4 chariots. Il ajoute que lesdits volontaires lui ont brûlé 200 fagots de feuillerins et pris une 1/2 charetté de marais pour se coucher dessus et qu'ils lui ont abattu 6 arbres noyers dont il porte le fruit à 15 quartes noix et a déclaré ne savoir écrire.

Conflans, 9 pluviôse an III. Joseph Ramus pour père. Admis pour 367 : 12 s.

N° 7. Expose le citoyen Joseph Ducret habitant la commune de Conflans que lors de l'invasion faite dans ce district par les troupes ultramontaines septembre 1793, l'armée républicaine... a été dans le cas de placer divers piquets dans la plaine et nottamment aux environs des batiments de grange que l'exposant tient pour l'exploitation de ses terres; les trouppes qui bivouacquaient auprès desdits bâtiments ont été nécessitées par la rigueur du tems et les pluyes abondantes qui tombaient, de lui enlever plus de 40 quintaux de paille; la proximité des bivouacs aux treilles de l'exposant lui a causé une perte de plus de 4 sommées de vin tant blanc que rouge, de plus 30 cartes de pommes de terre, de plus 10 cartes de blé-maïs, et de plus 6 charriots de bois de treilles.

Ces pertes ayant été nécessitées par les circonstances, l'exposant, agriculteur et qui ne subsiste que de la production de ses travaux, se croit fondé de profiter des indemnités accordées par la Convention bienfaisante.

Recourt qu'il vous plaise, citoyens (commissaires) en admettant l'exposant pour légitime réclamation, ouïr les preuves qu'il est prêt de produire sur la sincérité desdites pertes, faire procéder à évalluation d'icelles et l'inscrire dans le tableau des indemnités accordées par les lois.

Ducret. Admis pour la somme de 499 liv.

C'est de beaucoup la réclamation la plus habile, dès qu'elle plaide contre l'exposant les circonstances atténuantes et s'efforce d'excuser les volontaires. Elle est aussi, à en juger par les résultats, la plus opérante.

N° 8. Expose le citoyen Simon Daberet... de Conflans que lors de l'invasion etc... il fut placé divers piquets dans la plaine de Conflans et notamment aux approches de la grange qu'occupe ledit Daberet appartenante au citoyen Manuel. Les trouppes qui bivouacquaient auprès de ses bâtiments lui ont coupé toutes les branches d'un gros arbre sirirgier (cerisier) sur lequel il y avait 2 ceppes qui portaient une grande quantité de vendange, lesquels pour avoir le raisin ont couppé les 2 ceppes et en abatant les branches de cet gros arbre ont fait péricliter toute la récolte de la treille qui existait au bas dudit arbre qui était conséquente. Plus l'armée républicaine a aussi dévasté totalement toute la récolte des fruits du verger d'environ 12 arbres-à fruit dans le même clos, comme aussi la récolte d'une pièce de treille vin blanc qui a été enlevée par la troupe républicaine, en outre cette dernière a aussi foulé toute la récolte du sinfoin qui existait dans la pièce du verger du requérant, plus et finalement 5 cartes de pommes de terre soit le produit d'icelles qu'il avait semé lieudit aux communs de Conflans, que la troupe lui a totalement pris. En vertu de quoi, l'exposant agriculteur qui ne subsiste que de la production de ses travaux ne possédant aucun bien fond à lui appartenant..., etc.

Simon Daberet. Admis pour la somme de 177 liv.

Inventaire des dégats des volontaires dans la région de Conflans au cours de leur repli en août et septembre 1793 d'après l'exposé des 45 réclamants :

Prairies : 6 journaux, 34 quintaux de regain, 30 de marais. Arbres : 200 gabions, 22 arbres non spécifiés, 20 noyers, 4 vergers, 60 arbres fruitiers, 1 cerisier, 19 pommiers, 50 chênes, 7 peupliers, 29 saules, 33 châtaigniers. Vignes : 4 vignes, 10 treilles, 19 forchaix, 368 ceps. Vendange mangée : valeur de : 26 sommées, 88 cornues, 709 pots de vin tant noir que blanc. Froment : 2 teiches et 24 quintaux. Bled noir : 8 journaux, 1 chareté, 61 quintaux. Seigle : 20 voyages, 12 moilles, 30 javelles, 61 quintaux. Maïs : 2 journaux, 32 quintaux. Haricots : 14 quartes. Raves : 20 quartes. Pommes de terre : 495 quartes. Chanvre : 3 quartes et 3 quarterons. Paille (tant battue que non battue : 223 quintaux 1/2. Bois à brûler : 87 chariots 1/2, 700 fagots. Tant pommes que poires : 154 quartes. Noix : 155 quartes. Chatagnes : 105 quartes. Plus : 3 granges, 1 maison, 7 jardins avec leur clôture et leur jardinage, 19 poules, 1 lapin, 1 drap de lict, 9 chemises, plusieurs douzaines d'œufs, des fromages, 1 bronsin, des « menaces et plusieurs autres dégats que l'on tait... ».

Total des indemnités proposées à la Bienfaisance nationale, à la Convention bienfaisante (?) : *14.096 livres, 15 sols.*

Sauf pour ce dernier chiffre, ce tableau ne saurait prétendre à une rigoureuse exactitude. Néanmoins, tel quel, il complète heureusement les exemples des réclamations qui précèdent où les renseignements abondent précis et précieux sur l'état de la propriété, la nature et le classement des cultures, toutes les ressources agricoles du carrefour.

Il est à remarquer que, malgré la présence d'un camp aux abords de L'Hôpital, sa plaine fut visiblement épargnée, sans doute par ordre ! et qu'au total, la nature et l'étendue des dégats n'ont rien pour surprendre et accusent, ce semble, autant un ravitaillement déficitaire que le goût de la maraude et le relâchement de la discipline communs à tous les soldats en campagne.

L'affaire du bureau de poste à transférer de Conflans à L'Hôpital. — Extrait du procès-verbal du Conseil général de la commune de L'Hôpital du 8 thermidor an II de la République :

Considérant que sous le Régime de la loi, les abus du pouvoir aristocratique devaient disparaître comme le vent dès le moment qu'ils sont dénoncés aux autorités constituées,

Considérant qu'il est du devoir de cette municipalité de faire connaître à l'Agence des postes que le bureau de la distribution aux lettres entre Albigny (Saint-Pierre-d') et Montsalin (Moûtiers), au lieu d'être sur la grande route, à portée du public est fixé sur une éminence lieu dit à Roch Libre, à demi heure de la station du Messager et de la Grande route et de L'Hôpital, point de communication de 5 districts, par les routes d'Albigny, Aiguebelle, Montsalin, Flumet, Faverges et Beaufort, d'où il résulte un préjudice notable pour tous les habitants des cantons de Grézy, Faverges, L'Hôpital, Ugine, Flumet et Beaufort, un retard dans l'exécution des mesures révolutionnaires et du service militaire ainsi que s'en est plaint plusieurs fois le général divisionnaire Badelaune, et des dangers très éminents dans le transport des paquets (bagages) de L'Hôpital à Roch Libre aux heures du départ et de l'arrivée du courier. Indépendamment que les chemins pour arriver à Roch Libre, sont très souvent impraticables dans la saison de l'hyver ou tout au moins très dangereux non seulement pour les gens à cheval, mais encore pour les gens à pied. Pour ces motifs, le Conseil général, ouï l'agent national, arrête : qu'extrait de la présente délibération sera envoyé à l'Agence des postes par la voie de l'Inspecteur à icelles à Grenoble aux fins que ce bureau de la distribution des lettres entre Albigny et Montsalin soit transféré de Roch Libre à L'Hôpital et que par un préalable les administrations du département et du district soient requises à donner leur avis conformément à l'article 1er de la loi des 23 et 24 juillet 1793 (vieux style).

Fait en Maison commune, L'Hôpital, le an et jour susdits où étaient le citoyen Levrat, maire, Joseph Combet, agent national... Deschamps, secrétaire. P. c. c., Léger, secrétaire.

Réponse de Conflans (4 nivôse an III de la République française). — Le Conseil général (de Conflans) d'après l'avis qu'il a eu que la commune de L'Hôpital demande la translation dans son arrondissement du bureau de la distribution des lettres qui se trouve à Conflans, représente à l'administration du district de Moûtiers :

1° Que l'entrepreneur du port des dépêches ne peut prétexter aucune difficulté pour arriver à Conflans, par les deux avenues, quoiqu'elles soient insensiblement montueuses, parce qu'elles sont assez spacieuses, puisque les voitures y arrivent facilement et que d'ailleurs le chemin est plus court ;

2° Que le bureau de la distribution des lettres a été fixé à Conflans dès un tems immémorial et qu'il y a été de nouveau fixé par l'arrondissement des cantons et par l'assemblée électorale ;

3° Que cet établissement immémorial convalidé dans la dernière organisation démontre la convenance nécessaire dudit bureau à Conflans, préférablement à tout autre lieu ;

4° Conflans est le centre des deux cantons de Beaufort et Conflans ;

5° Que c'est la commune la plus peuplée ;

6° Que c'est à Conflans où est le bureau du Receveur des Domaines nationaux de l'arrondissement, des Salines nationales, un hôpital militaire, et toujours il y a une plus grande quantité de troupes que dans les communes voisines ;

7° Que le gros marché hebdomadaire qui se tient à Conflans facilite la rémission des dépêches pour les deux cantons et même pour les autres communes qui viennent audit marché ;

8° Que la transfération de ce bureau à L'Hôpital, préjudicierait beaucoup aux intérêts de la République, parce que dans le cas d'une éruption du pont sur la rivière d'Arly qui existe entre L'Hôpital et Conflans, les arrêtés et autres de l'administration de ce district ne pourraient plus parvenir à ces deux cantons de Conflans et Beaufort et la correspondance des agents nationaux ne pourrait avoir lieu que par exprès, ce qui occasionnerait de gros frais aux communes;

9° Que les plaintes faites par le général divisionnaire Badelaune, ainsi que l'a dit la municipalité de L'Hôpital, sur ce que ledit bureau n'est pas à L'Hôpital, ne sont du tout pas fondées, puisque ni le général ni l'état-major ne résident jamais à L'Hôpital, car il ne fait simplement qu'y passer, d'ailleurs le directeur dudit bureau de la poste lui fait toujours tenir les lettres, aussitôt leur arrivée;

10° Que Conflans est le point de communication avec les communes de Grignon, Monthion, Sainte-Hélcine, Les Millières, Aiguebelle et enfin le district de Maurienne, par le moyen de la barque sur Isère près les salines de ce lieu;

11° Enfin que ce n'est que par pure animosité que L'Hôpital a avancé des faits exagérés sur les avenues de Conflans et que ce n'est que pour faire fréquenter leurs marchés au préjudice de ceux qui se tiennent à Conflans.

Vial, maire; Fontaine, secrétaire général.

Conflans, L. suppl. 2. Situation de la commune pendant le 4e trimestre de l'an X.

Sureté publique. — La mendicité augmente progressivement par l'effet de la hausse du prix des denrées causée par l'intempérie des saisons, telles que gel et sécheresse. La mendicité conduira nécessairement au vagabondage et au brigandage. La police rurale est assez bien exercée, mais celle forestière l'est très mal, parce que, malgré le zèle et la fermeté de l'agence, on ne peut trouver dans cette commune des gardes-forêts assez impartiaux et désintéressés.

Subsistance. — Le déficit des grains opère nécessairement son défaut de circulation, conséquemment de monopole et d'exportation. Les marchés ne sont presque plus approvisionnés; il est notoire que cette commune est au déficit des 3/4 des grains nécessaires à sa consommation.

Commerce. — Il n'existe dans les boutiques des marchands quelconques de cette commune aucune marchandise prohibée; il ne se fait aucun agiotage, non plus qu'aucune circulation de fausse moneye.

Culte. — La loi du 18 germinal relative au Concordat, reçoit pleinement son entière et unique exécution; le curé de cette commune ne néglige point de chanter la formule de prière convenüe entre le Gouvernement français et le Pape; il ne donne la bénédiction nuptiale qu'à ceux qui justifient en bonne et düe forme, avoir contracté mariage devant l'officier public, et en un mot, il se conforme exactement à tous les articles du Concordat.

Police personnelle. — La police des étrangers est bonne, de même que celle des prévenus d'émigration, tous lesquels jouissent de la confiance et estime publiques. Le senatus-consulte du 6 floréal dernier a été rendu public et reçu dans cette commune avec le plus grand antousiasme, aussi son exécution sera-t-elle entière et au désir du Gouvernement.

Esprit public. — Tous les habitants de cette commune sont vraiment et sincèrement dévoués aux magistrats actuels, et ils réclament un successeur imitant en tout le Premier Consul.

Ecôle secondaire. — L'instruction publique étant de première nécessité tant pour donner à la République des magistrats instruits que pour former la société, les habitants réclament avec instance que l'écôle de cette commune qui n'a presque jamais été interrompüe, soit mise au rang des écôles secondaires et jouisse des bienfaits de la loi du 4 messidor dernier, et pour augmenter cet établissement de première nécessité, le Gouvernement doit ordonner le remboursement des capitaux versés dans la Caisse nationale, et du prix, valleur de 1790, des immeubles aliénés par l'ex-administration départementale.

Conflans, en Mairie, le 5e complémentaire, an X de la République française.

Fontaine, maire.

Animosité entre L'Hôpital et Conflans. Une provocation de L'Hôpital et bagarre à Conflans (4 nivôse an XII). (L. suppl. Conflans 3.)

Le maire de la commune de Conflans au citoyen Sous-Préfet de l'arrondissement communal de Moûtiers.

CITOYEN SOUS-PRÉFET,

Je dois vous rendre compte que le 4 du courant mois de nivôse, sur environ les 10 heures du soir, comme je rentrais chez moi pour jouïr d'un repos paisible, j'entends quelque bruit et quelque modique rûmeûr dans la rüe ; je me décore de ma ceinture de maire et m'achemine vers le bruit. J'ai trouvé vers le poids commun et dans la grande rüe, plusieurs hommes et femmes de la commune de L'Hôpital formant presque un attroupement nocturne ; quoique scandalisé intérieurement de ce procédé, j'ai gardé un profond silence, cependant très-amer. J'ai rencontré successivement le brigadier de la gendarmerie et un gendarme, aux quels j'ai demandé pour quels motifs ils étaient en fonctions. Le brigadier m'a répondu que c'était sur une réquisition de Marcellin Bompard, adjoint de la mairie. Chose étrange ! puisque depuis 3 ans, il n'a fait aucune fonction de commissaire de police. J'ai successivement trouvé quelques hommes et quelques femmes qui se plaignaient de ce que les père, fils et frères Bompard avaient remis à la gendarmerie deux citoyens de Conflans, Pierre Rateillier et Jacques Passet. Je me suis enquis des motifs qui ont donné lieu à leur arrestation ? Tous m'ont rapporté et séparément et collectivement, qu'au moment qu'ils passaient dans la rüe, les Bompard les avaient livrés à la gendarmerie. J'ai porté mes pas jusqu'au devant de la maison de Marcellin Bompard, audevant de laquelle je n'ai trouvé personne. Je les ai ensuite porté jusques sur la place, où j'ai trouvé le juge de paix qui avait déjà fait retirer chez eux, tous ceux qu'il avait trouvé dans la rüe, et qui commençait à recevoir les plaintes des habitans.

Le lendemain j'ai pris tous les renseignements possibles sur les auteurs et motifs de tous ces rassemblements, et il me conste clairement des informations que j'ai prises secrètement et publiquement, lesquelles se concordent :

1° Que vers les 9 heures du soir du 4 du courant, on a entendu du bruit vers la maison de Marcellin Bompard ; les voisins y sont accourûs, craignant qu'il y eût chez lui ou un incendie ou un meurtre, eû égard que depuis plusieurs semaines il s'y pratique habituellement des querelles et des tappages, qui privent les voisins de leur repos ordinaire ;

2° Qu'au moment que les voisins ont crû devoir accourir au bruit, les Bompard fils et frères ont suscité eux-mêmes l'attroupement, en faisant boire aux jeunes gens du vin mélangé à de l'eau-de-vie, en fraternisant avec eux et en leur taisant ainsi leur trahison ;

3° Que pendant que les Bompard amusaient de cette manière les jeunes gens, la gendarmerie est arrivée très secrètement avec plusieurs individûs de Lhôpital et desuite saisi ceux que les Bompard leur remettaient en disant : *Gendarmes saisissez celuici, celuilà*, etc. ;

4° Que le nommé Claude Tirard, rentrant paisiblement chez lui, a été également arrêté, mais desuite relâché sur l'assertion des voisins, qu'effectivement il venait de souper chez un ami ;

5° Que les citoyens Pierre Rateillier et Jacques Passet ont été arrêtés au moment qu'ils sont accourus au bruit et qu'ils ont été conduits à Lhôpital ;

6° Que la gendarmerie a agi trop précipitemment, et ne s'est point conformée à l'arrêté du Directoire exécutif, du 13 floréal an VII, puisqu'elle n'a point fait les trois sommations prescrites, dès qu'elle a considéré ce rassemblement paisible comme attroupement prohibé ;

7° Que la gendarmerie est venüe à Conflans sur la seule réquisition de Marcellin Bompard, adjoint, plaignant et requérant à la fois ;

8° Qu'elle était suivie d'un grouppe de gens de tout sexe de Lhôpital ;

9° Que ce grouppe a été convoqué par J.-B. Bompard, frère de Marcellin Bompard, domicilié à Lhôpital, en proférant ces termes indignes d'un Français : *allons ramasser la canaille de Conflans ;*

10° Que ces mêmes expressions injurieuses ont été proférées à Conflans par les frères Bompard ;

11° Qu'au même moment que je suis arrivé, J.-B. Bompard se querellait avec les citoyens Jean-Claude Jacquemod et Claude-Antoine Vial, relativement au mot *canaille;*

12° Que depuis longtemps la famille Bompard qualifie de *canaille* les habitants de Conflans ; puisqu'ils font nombre parmi les habitants, ils figurent aussi parmi la canaille ;

13° Que le motif de ces querelles est une chanson contre Marcellin Bompard, dont on ignore l'auteur, laquelle est bête et insignifiante ;

14° Que d'après les plaintes respectives et les informations prises par le juge de paix, les détenûs ont été ellargis.

La procédure faite par le juge de paix et les rapports de la mairie ont été transmis au substitut commissaire du Gouvernement près le tribunal criminel de Moûtiers. Il conste de cette procédure que les Bompard sont eux-mêmes les auteurs de cet événement. D'après les informations que j'ai secrètement et scrupuleusement prises envers des gens dignes de foi, il me conste que c'est à tort et contre toute vérité que la gendarmerie a inséré dans son procès-verbal, qu'on avait voulû leur faire résistance, se révolter et courir aux armes ; je suis non seulement instruit mais même plainement convaincû qu'aucun citoyen n'a injurié, n'a menacé la gendarmerie, n'a parlé d'armes, n'y a couru, et qu'aucun n'avait des armes; au contraire j'ai observé que tous les esprits étaient joyeux, nullement échauffés; et sur la seule invitation que je leur ai faite, tous se sont de suite retirés, avec la plus grande soumission aux lois. Le lendemain j'ai invité le Commandant de la garde-nationale de faire faire une patrouïlle pendant la nuit du 5 au 6, ce qui a été exécuté; je me suis rendû d'heure en heure à cette patrouïlle; j'ai jouï de la douce satisfaction que tout était dans l'ordre et que tous les citoyens jouïssaient d'un doux et paisible repos; le brigadier et un gendarme étant venus sur les 10 heures du soir faire leur tournée, j'ai eu la consolation de leur faire observer l'exactitude de la garde-nationale, la tranquillité générale et le repos paisible de tous mes concitoyens.

Tel est, citoyen Sous-Préfet, le rapport fidel et sincère que je vous fais des événemens survenûs en cette commune la nuit du 5 courant.

J'ai l'honneur de vous saluer respectueusement.

Conflans, le 5 nivôse an XII.

Fontaine, maire.

Epilogue. La vengeance du Maire. (*L.* suppl. Conflans 4.) — Dans un rapport confidentiel au Sous-Préfet l'année suivante 6 juillet 1807, il écrira : « L'adjoint faisant la fonction de premier suppléant du juge de paix, il est inconvenant qu'il remplisse en même temps celle d'adjoint, au surplus le peu de confiance dont il est partagé nécessite son remplacement... »

La Saint-Napoléon (15 août) à Conflans : 1808.

Le Maire au Sous-Préfet de Moûtiers.

MONSIEUR,

En exécution de votre lettre du 11 du courant, j'ai l'honneur de vous faire part du détail de la fête qui a eu lieu dans cette commune le 15 dudit conformément au décret du 19 février 1806. D'après le programme que j'ai arrêté et fait afficher, la fête a été annoncée la veille, à midi et à la nuit tombante par le son des cloches. Le 15, jour de la fête, il y a eû à la Mairie réunion de tous les fonctionnaires publics et employés du Gouvernement, résidant à Conflans. A cette réunion se sont rendus : MM. les maire, adjoint et conseillers municipaux avec le secrétaire, l'ingénieur des mines, les membres de l'hospice civil, du bureau auxiliaire, de la fabrique préfectoriale et de la fabrique épiscopale, les suppléans, greffier et huissiers de la justice de paix, les receveurs de la régie d'enregistrement et des contributions, les notaires, le directeur des postes, l'officier de santé attaché à l'hospice civil, et autres notables de la commune.

Le cortège est parti de la Mairie à 10 heures du matin pour se rendre à l'église. Il était escorté d'un détachement de la garde nationale et de la compagnie de Conflans, avec drapeau et tambour. Le peuple s'étant réuni avec affluence dans l'église, il y a été célébré une messe solennelle. M. le Curé a prononcé un discours analogue à la fête, dans lequel il a fait ressortir avec beaucoup d'éloquence, la gloire, les vertus publiques et privées du Grand-Napoléon, notre immortel Empereur, le restaurateur de la religion de nos pères, des arts et belles-lettres, le réparateur des maux de la Révolution, et le Père de la Patrie. Il y a eu une procession religieuse, ensuite *Te Deum* et bénédiction. Le cortège est parti de l'église et s'est rendu à la mairie dans le même ordre. Les habitans, nottamment les fonctionnaires et notables se sont réunis et formé différens banquets, où chacun a exprimé son allégresse par des chants et des toasts portés à la conservation de L. M. I. et R.

Telle a été l'expression de la joie publique à laquelle chaque individu a pris part, d'une manière simple, mais franche et sincère, regrettant de ne pouvoir manifester plus dignement leur sentiment d'attachement et de fidélité pour L. M. I. et R.

J'ai l'honneur de vous saluer respectueusement.

M. Fontaine.

Deux ans après. Une sourdine. — Le même au même. Conflans, 28 août 1810.

Monsieur,

La fête de Saint-Napoléon et du rétablissement de la religion catholique en France, a été célébrée le 15 du courant dans cette commune avec toute la solennité que le permettait la localité. La veille à midi et sur le soir, la fête a été annoncée par le son de toutes les cloches. Le jour de la fête, il a été célébré une grand-messe à laquelle ont assisté les autorités locales, fonctionnaires et employés du Gouvernement, ainsi qu'une très-grande majorité des habitans; un ministre du culte a fait un discours analogue aux circonstances; immédiatement après ont suivi le chant du *Te Deum* et la bénédiction, sur le soir, plusieurs habitans se sont réunis et ont formé différens banquets, où il a été porté des *toast* à L. M. I. Si les fonds de la commune et les ressources des habitans n'ont pas permis de déployer tout l'appareil qu'exigeait cette auguste fête et qu'aurait désiré le peuple, il y a été suppléé par ses vœux et son allégresse.

J'ai l'honneur...

M. Fontaine.

Mêmes excuses les années suivantes, sur un ton de plus en plus détaché. En 1813, « ...le cœur y a suppléé »; pour dire qu'il n'y était plus.

L'enseignement public sous l'Empire à Conflans. A. D. L. suppl. Conflans 4.

Le Maire de la ville de Conflans à M. le Sous-Préfet de Moûtiers.

Conflans, 15 avril 1809.

Monsieur,

J'ai l'honneur de vous faire passer comme ci-après les réponses aux questions portées par votre lettre du 27 mars dernier :

Il y a dans cette commune trois écoles primaires. Une dans la ville, une autre au hameau de Farette, la troisième au mas de la Combaz, village du Rudier (Rédier).

Les maîtres d'école ne sont pas les mêmes chaque année. Il est d'usage dans cette vallée de n'enseigner la jeunesse que pendant 3, 4 ou 5 mois de l'hiver à raison des revenus: ce sont la plupart des gens de la vallée d'Ours (Oulx ?) ou du Briançonnais, que l'on choisit pour cet objet. Celui de la ville pour cet hiver dernier, s'appelait J.-B. Francou, âgé de 28 ans, marié, sans enfans, né et domicilié de ladite vallée d'Ours, il avait déjà enseigné dans cette commune deux années précédentes, avec succès et satisfaction de la part du public. Celui de Farette qui a enseigné cet hiver et les précédents s'appelle Jacques Billion, il est de Conflans, garçon âgé de 24 ans; il est en même temps clerc d'église. Depuis quelque tems il enseigne dans la ville la jeunesse des deux sexes, au moyen d'une rétribution que payent les parens, dès que les écoles d'hiver ont cessé. J'ignore le nom, prénom, âge et qualité de celui qui a enseigné cet hiver au Rudier, étant les particuliers de ce village qui l'ont nommé entre eux, ce qui se pratique d'ordinaire eû égard que ce sont eux qui le payent au moyen d'une prestation et cottisation volontaires. Celui qui a fait l'école l'hiver de deux ans est un nommé Jean-Claude Sibuet, cultivateur, né et domicilié dans cette commune, âgé de 38 ans. Ce même a tenu l'école de la ville l'année précédente; hors ce tems d'hiver, il exerce la profession de laboureur; mais il ne peut pas figurer parmi les maîtres d'école habituels.

Le nombre des écoliers varie. Celui du Rudier est d'environ 20; celui de Farette d'environ 25 et celui de la ville 30, indépendamment de ceux qui suivent l'école du pensionnat établi dans ladite ville. On leur apprend la lecture, l'écriture, le chiffre et les principes de religion. Si les revenus de l'école de la ville n'étaient pas si modiques, on se procurerait un instituteur pour toute l'année qui fût apte à enseigner la grammaire française et le latin, ce qui se pratiquait avant la Révolution. Ce genre d'instruction est nécessaire par rapport à la population de la commune et à la classe des habitans de la ville.

L'enseignement n'est donné que pendant 4 mois environ ou 5 mois au plus; il commence ordinairement à la Toussaint. Les travaux de la campagne et le peu de fonds ne permettent pas de le prolonger dans les écoles des villages. L'école de la ville a duré cette année 5 mois. L'instituteur du Rudier est nommé par les particuliers qui payent le salaire; celui de Farette par les trois administrateurs qu'ils nomment à cet effet. Celui de la ville, par le conseil municipal, en qualité d'administrateurs de la ci-devant Régence, conformément à l'intention des fondateurs.

Le traitement de celui du Rudier est de 80 francs environ, que plusieurs familles payent par cottisation faite volontairement, outre le logement et la table. Celui de Farette est d'environ 100 francs outre son logement dans un bâtiment appartenant à l'établissement; le revenu provient de différentes sommes que divers particuliers ont données pour cet objet, et que les administrateurs nommés par les fondateurs et pris parmi eux ou leurs successeurs perçoivent. L'autorité locale n'y a aucune autorité. Il a été accordé cette année à l'instituteur de la ville, la somme de 210 francs pour 5 mois, conformément à l'arrêté du conseil, par vous approuvé; dans ce traitement était compris la valeur du logement qu'il s'est procuré à ses frais.

L'on vient de dire en quoi consistent les revenus de l'école du Rudier et de celle de Paris (?), auxquelles sont admis les garçons et les filles. Quant à celle de la ville, les garçons seulement de *toute la commune* ont droit de la suivre gratuitement pendant le tems convenu avec l'instituteur. *Avant la Révolution*, il existait dans la ville un *régent-prêtre* qui était tenu d'enseigner à tous les enfants mâles de la commune, non seulement les principes de lecture, d'écriture, chiffre, morale, mais encore la langue latine jusqu'en troisième inclusivement. Beaucoup de jeunes gens y ont fait leur rhétorique. Ce régent avait son logement, son jardin et un revenu d'environ 480 francs y compris 9 fossorées de vigne qui appartenaient à l'Hôtel-Dieu de la commune et qui avaient été affectées alors à la Régence, moyennant quelques messes qu'il était obligé de dire; les administrateurs de la commune lui avaient encore accordé la jouissance d'un journal de champ, provenant des communaux. Ces biens, bâtiments et revenus en argent avaient été donnés audit établissement par différents particuliers et administrés par les syndic et conseillers. Tous les immeubles ont été vendus par le Gouvernement, un capital a été remboursé en assignats et versé dans la Caisse nationale, sans que les administrateurs ayent pu obtenir aucun dédommagement; quelques débiteurs sont devenus insolvables, de manière que le revenu actuel est réduit à 308 francs dont le recouvrement ne s'opère qu'avec de grande difficulté soit par ce que les créances sont très-divisées, soit parce que la plupart des débiteurs sont peu aisés. Les revenus de ladite école étant réduits à une si faible somme qui ne permet pas de salarier un instituteur pour toute l'année, la jeunesse de Conflans se trouve malheureusement dépourvue de tout moyen d'éducation; et par là les parens dans une triste alternative ou d'abandonner leurs enfans à l'ignorance, ou de conserver le peu de fortune qu'ils peuvent avoir pour les faire élever dans des pensions.

Il leur restait encore une ressource par le moyen d'une pension que des personnes zélées et généreuses ont établi dans cette commune, où les jeunes gens peuvent puiser les principes d'éducation en tous genres et à un prix modéré; mais la taxe imposée par le Gouvernement, même sur les élèves qui ne suivent qu'un cours d'école primaire, fait craindre que cet établissement si utile à la société, n'éprouve un grand échec.

J'ai l'honneur de vous saluer respectueusement.

M. Fontaine.

Calendrier climatique et agricole. (Conflans 4, suppl. 5.)

11 avril 1811.

Le Maire de Conflans au Sous-Préfet de Moûtiers.

1811. *11 avril 1811.* — En exécution de notre lettre du ... courant, j'ai l'honneur de vous faire passer l'Etat que vous me demandez pour chaque mois des semences et récoltes pendantes par racines... les semences de l'automne dernier (1810) en froment et seigle (il ne se sème que très-peu d'orge) se montrent assez belles en herbe dans ce moment-ci, ayant été faites sous une température assez propice... Quelques champs commençaient à souffrir de la sécheresse qui a régné pendant tout le mois de mars, nottamment ceux des terres rocailleuses; cette sécheresse empêche aussi les blés-mars de germer. Cette belle apparence des blés hivernés a fait baisser le prix des grains.

4 mai 1811. — Je vous fait part que dans le courant d'avril dernier il n'est survenu aucun accident, ni intempérie, inondation, etc., sauf que par un effet du froid qui a régné pendant quelques nuits, les noyers des collines élevées ont entièrement été gelés; quelques ceps des vignes basses ou plates ont aussi souffert. L'on avait beaucoup de craintes, mais le mal s'est heureusement arrêté là. Les récoltes céréales et les prairies se montrent assez belles.

27 juillet. — Dans le courant des mois de mai, juin et juillet jusqu'à ce jour, l'on n'a éprouvé dans ce *canton* (dont M. Fontaine, maire de Conflans, est *secrétaire :* Grignon, Monthion, Tours, La Bâthie, Saint-Thomas-du-Blay [Essert-Blay], Cézarches et Venthon) aucun excès d'intempérie, sauf une grande sécheresse et chaleur pendant quelque tems qui a nui à la fructification des seigles, froment et avoine des basses vallées et collines, et a trop précipité la maturité ; les chanvres même en ont un peu souffert. Sont survenues ensuite de longues pluies dans le tems de la récolte des seigles ; ces pluies ont empêché de retirer et ont fait germer une partie desdits seigles ; ce qui fait que la récolte des grains ne sera que moyenne, aussi leur prix a-t-il augmenté depuis quelque tems. Quant aux vignes, la prise sera moins qu'ordinaire quoique beaucoup plus avancée. Il y aura une forte prise de noix, sauf dans les hauteurs, où elles ont gelé ce printemps.

La Bâthie : Les dernières pluies ont occasionné un débordement aux ruisseaux de la commune, surtout celui appelé du Pulliet, proche de l'église, lequel a couvert de gravier les terres adjacentes. Ces dommages peuvent s'évaluer à 1.500 francs.

Conflans. Inondation : La rivière Isère s'est aussi débordée dans la plaine, au-dessous de la digue, et a entraîné une partie du terrein riverain. Le cours de cette rivière se dirigeant à droite part de la grande route, il y a urgence de mettre la main à la digue projetée.

1812. *1er mai.* — L'état actuel de la récolte tant en fruits qu'en plantes céréales, légumineuses et autres... n'offre rien d'extraordinaire.

Les froments, seigle et orges, semés en automne, ne paraissent pas en général avoir souffert des rigueurs de l'hiver, quoiqu'il ait été très-long et très-froid, sauf que dans certains endroits, à mi-montagne surtout, les seigles et même quelques fromens ont pourri sous la neige, et donnent peu d'espérance ; quelques propriétaires même ont été ou seront obligés de semer d'autres grains. Cette perte n'est pas heureusement d'une grande conséquence ; mais le vent froid et vif du Nord qui a soufflé le mois dernier, a desséché et dessèche encore les terres, de manière que les blés, étant privés de la pluie qui est nécessaire pour la végétation, deviennent rares et ne peuvent *taler;* ils continueront à péricliter, surtout ceux semés en terres légères, si la sécheresse ne cesse pas. Les prés sont dans le même cas. Quant aux blés des montagnes, on n'a encore aucune donnée, eû égard qu'il y a peu de temps que la neige a disparu. L'on ne peut rien dire de positif sur les vignes, pour être très-peu avancées. Les blés du printems demandent aussi de la pluie. Les arbres à fruits ne paraissent pas avoir souffert. ...Dans le courant de février où les pluies ont été abondantes, il s'est fait quelques éboulemens de terre et de neiges qui n'ont fait que quelques petits dégats partiels ; à l'exception de l'*avalanche* qui s'est faite à La Bâthie, au village du Pulliet (signifie l'éboulement en patois local), dont il vous a été donné avis dans le tems.

3 juin. — 1° Les froments qui ne forment qu'une très-faible partie des grains ou autres denrées que l'on sème dans le canton de Conflans, paraissent être assez beaux, sauf dans quelques endroits où ils sont un peu clairs. 2° Les seigles qui sont le principal blé qui se cultive dans ledit canton, sont en général rares pour avoir souffert cet hiver, et dans le courant d'avril dernier par défaut de pluie. 3° Il se cultive peu d'orge. Celui qui a été semé est dans le même état que les seigles. 4° L'avoine se montre belle ; mais n'ayant été semée que dans le courant de mars et avril, et n'étant par conséquent qu'en fane, l'on ne peut rien préjuger sur son produit. 5° Les maïs commencent seulement à sortir de terre. 6° Les blés-noirs ne se sèment ordinairement qu'après les fromens et seigles. 7° Les pommes de terre sont comme le maïs. 8° Les légumes de même. 9° Les vignes ont peu souffert des rigueurs de l'hiver. Cependant elles promettent une bonne récolte; mais elles courent encore bien des dangers, surtout dans le tems des fleurs. 10° Les arbres à fruits, tels que les poiriers, pommiers et cerisiers ne donneront que très-peu de fruits. La récolte des noix sera au-dessous de la moyenne. Quant aux châtaigniers, comme les arbres sont très-tardifs, l'on ne peut rien préjuger. 11° Les prairies ont souffert de la sécheresse qui a régné dans le mois d'avril; mais elles ont beaucoup prospéré dès les dernières pluies de mai. 12° *Inondation :* ...La rivière Isère qui a beaucoup augmenté depuis environ un mois, par un effet de la fonte des neiges et de la pluie, ce qui est d'ordinaire chaque année, ayant dirigé son cours du côté de la plaine des communes de Grignon et Monthion, en a inondé une grande partie et y a causé et cause encore des dommages considérables. Ce fléau est d'autant plus sensible aux propriétaires de ces terres, surtout de la commune de Grignon, que non seulement ces terres ne leur seront d'aucun produit, mais encore qu'ils perdent leurs semences, leurs travaux et leurs engrais et que cette plaine est leur principale ressource. Cependant, pendant plus de trois mois et même l'année dernière, la commune y a travaillé pour détourner le cours de ladite rivière. 13° *Conclusion :* L'opinion générale sur les récoltes et subsistances est encore en suspens, même à l'égard des fromens et seigles qui sont les récoltes les plus avancées; parce que le moment le plus critique est l'époque de la fleuraison; car l'année dernière les blés étaient de la plus belle apparence et promettaient même plus que ceux de cette année; mais un vent trop chaud et trop long a précipité leur maturité et presque anéanti leur produit. Tel est l'apperçu des renseignements que j'ai pris.

1er juillet. — ...La température que l'on a eue au mois de juin a été très-favorable pour toutes les plantes. Les fromens et seigles paraissent être assez beaux, sauf que les derniers sont un peu rares. Quant à l'avoine, le maïs et les pommes de terre, ils s'annoncent aussi très-bien, mais l'on n'a aucune donnée certaine, pour n'être encore qu'en herbe. Les blés-noirs ne sont pas encore semés. La vigne promet une belle récolte en vin. Il y aura du fruit en pommes, poires et noix, mais en petite quantité. Les châtaigners ne sont encore qu'en fleurs. La récolte des foins sera moyenne.

2 août. — La récolte des fromens et seigle est toute faite. Quoique les tiges fussent un peu rares partout, elle sera passablement bonne, vû que les épis sont chargés de grains. Les autres productions de la terre n'ont pas souffert de la température qui a régné pendant le mois dernier, malgré qu'elle ait été un peu humide et froide, sauf que dans quelques endroits la vigne a un peu coulé; cependant la récolte en vin s'annonce bonne.

Grêle. — ...Le ... juillet dernier sur les 6 à 7 heures du soir, une grêle dont les grains étaient d'une grosseur d'une forme extraordinaire, est tombée sur la commune de Cézarches, et a détruit une partie de la récolte pendante par racines ou non retirée. On évalue à plus de 2.000 francs les dommages qu'elle a causés. Il en est aussi tombé quelque peu sur un hameau de Venthon, mais heureusement le mal n'est pas sensible.

2 septembre. — L'état pour le mois dernier... n'offre rien d'intéressant. Il paraît, d'après le peu de froment et de seigle que l'on a battu, que la récolte de ces grains sera moyenne. Celle de l'avoine ne paraît pas être mauvaise:

mais il en est encore sur plante, et celle qui est retirée n'a pas encore été battue... Les maïs, légumes et sarrazins, s'annoncent beaux, ils ont cependant beaucoup de dangers à courir, vû qu'ils ne sont encore qu'en fleurs. Les vignes promettent une bonne récolte.

4 octobre. — Fromens et seigle ...récolte moyenne. Celle des avoines, maïs, pommes de terre et légumes sera de même. Quant aux sarrazins, ayant souffert du froid et de la gelée blanche que l'on a eus la semaine dernière, ils ne s'annoncent pas abondans. Il n'y aura que très-peu de châtaignes, par l'effet d'un vent qui a régné il y a quelque tems et de la température froide qui en a retardé la maturité. La récolte des noix est très-modique. Celle des fruits à pépin, tels que poires et pommes sera tout au plus moyenne. Les vignes promettent une bonne récolte, mais la maturité des raisins étant très retardée, l'on ne peut espérer une bonne qualité.

Nature du vignoble (cépages) dans la région d'Albertville. L. suppl. Conflans 3. 1er frimaire an XII. — ...Il est reconnu par tous les observateurs, et nottamment par les Rozier, les Chaptal, etc., que la culture, le sol et le climat influent tellement sur la vigne, que non seulement ils effacent les nuances des variétés, mais encore ils en dénaturent les espèces... Quant à ceux (les cépages) qui constituent nos vignobles et treillages dans le canton de Conflans et ses environs, ils se réduisent à 4 espèces dominantes, savoir 2 de raisins blancs et 2 de noirs. Le blanc le plus commun, qu'on appelle dans notre vallée *lardé-blanc*, est, je crois, une espèce de chasselas; l'autre cépage est le muscat. J'observe qu'ils ne sont guère cultivés qu'en vigne haute. Le plant de raisins noirs, qu'on appelle *modeuse*, est le seul qui compose la vigne basse, non seulement dans notre canton, mais même dans celui de L'Hôpital. La grappe est moyenne, ailée, conique; le grain très-noir, rond, médiocrement serré; le pédoncule rousseâtre; quand le raisin est bien mûr et exposé au soleil, ce raisin est bon à manger, et donne un vin très-bon, et très noir quand il est cuvé, son produit est assez abondant. La deuxième espèce de noirs, qu'on appelle *plant-noir*, n'est cultivé qu'en treillage; le grain est gros et noir, la pellicule rude, le goût fade et même acerbe; le vin de très-médiocre qualité, et craint l'approche des chaleurs; la grappe est ailée, conique, le pédoncule rouge à sa maturité, le sarment roux, les feuilles d'un verd un peu foncé, avant la maturité du raisin, deviennent en grande partie rouges avant leur chûte. Le ceps est très-vigoureux et produit beaucoup. Le raisin mûrit plus que tout autre en treillage, dans les lieux bas, humides et ombragés ...Les autres espèces ne font pas nombre dans la culture en grand...

Fontaine, maire.

Evénements militaires.

Batailles de Conflans en 1536. — L'invasion de la Savoie avait commencé après l'occupation de la Bresse et du Bugey par l'armée de l'amiral Chabot, généralissime de François Ier. Bourg avait tenu jusqu'au bout, Chambéry pas du tout, Montmélian 15 jours seulement grâce à l'incapacité du napolitain Chiaramonte. Après quoi un corps de 8.000 hommes remonta l'Isère et vint s'abattre sur Conflans. M. François de Loctier (de Bellecombe en Tarentaise), instruit des mouvements de l'ennemi par ses émissaires, jugea le moment favorable d'attaquer les Français et de ne pas les laisser se reconnaître dans cette citadelle de Conflans dont il connaissait toutes les issues. Dans la nuit du 30 avril au 1er mai 1536, il lança ses robustes montagnards sur le roc de Conflans; ils arrivèrent à l'aube; l'ennemi fut surpris dans son sommeil. Ce fut un sauve-qui-peut général. Il y eut du côté des Français 7 à 800 hommes tués; près de 800 prisonniers tombèrent au pouvoir de M. de Loctier. Une partie de l'armée ennemie put s'enfuir sur Faverges, tandis que le gros des troupes descendant précipitamment l'Isère, fut poursuivi l'épée aux reins par le général tarin. Un grand nombre de Français voulant traverser la rivière, alors grossie par la fonte des neiges et les pluies du printemps, se noya. Tout l'objectif de M. de Loctier était Chambéry...

Lettre de félicitations du duc Charles. (Doc. 6.)

TRÈS CHER BIEN AMÉ ET FÉAL, COMMANDANT,

Nous avons entendu le bon exploit qui a esté fait au quartier de Conflans et vous savons bon gré de la peine que vous y avez prinse... Bien aise au demeurant qu'avons esté de la bonne volonté que ont nos subjets de par delà de bien soit défendre et demeurer touiours en notre obéissance... (Suit l'annonce d'un renfort.) ...Vous bien saurez faire, et qu'en avons eu vous notre confiance et nous en aurons bonne souvenance en tems et lieu... Signé : Charles et Porta. — P. S. Nous avons été adverti comme sont esté prins de bons prisonniers tels que Monsieur de Bottière et autres de maison. Avant que aucuns soient relaschés, vous nous informerez bien au vrai qu'ils sont pour nous en advertir. N'entendant faire nul tort des rançons à ceux qui les auront prins pour prisonniers.

Au lieu des renforts attendus, ce furent les Français qui revinrent, commandés par le comte de Saint-Pol. Loctier se replia successivement, de Chambéry, sur Montmélian, Saint-Pierre-d'Albigny, Conflans où il tenta de barrer la route mais vainement. Il s'accrocha cependant plusieurs mois encore au défilé de Briançon et après avoir été forcé à celui de Saix, il dut licencier ses Tarins et quant à lui, se réfugier oultre monts.

(Notice historique sur M. de Loctier par Durandard, in-4°, 30 p., Chambéry, 1886.)

Le retour des Français à Conflans. — François de Bourbons, comte de Saint-Paul (avec ses 25.000 Français) alla d'abord à Chambéry dont il enleva les archives royales, prit Montmeillan, par la trahison du gouverneur (François Chiaramonti), occupa la Maurienne sans obstacle, et se prépara à attaquer les habitans de la Tarentaise, qui s'étaient armés contre lui. Ces montagnards, courageux et fidèles, après avoir assuré les débouchés de leur vallée, s'avancèrent jusqu'à Conflans et y battirent une colonne ennemie qui s'y était logée; les Français tentèrent en vain de les chasser de leurs postes; soutenus par quelques troupes valdostaines qui accoururent à leur secours ils s'y maintinrent avec courage. Le comte de Saint-Paul renonçant au projet de les attaquer de front s'occupa des moyens de les tourner; quelques paysans gagnés par de larges promesses lui ayant appris des détours qu'on avait négligé de garder (col de la Madeleine) parce qu'on les jugeait impraticables, il y jeta une partie de ses forces et tombant à l'improviste sur les derrières des Savoyards pendant qu'il les amusait de front, il les força sur tous les points;

ceux qu'on prit les armes à la main passèrent au fil de l'épée, et la Savoie fut entièrement conquise.

(Histoire militaire du Piémont, Alex. de Saluces, t. II, Turin, 1818, p. 13.)

Le siège de Conflans, 25 août 1600. (Mém. de Bassompierre, *loc. cit.*) — Après la chute de Chambéry, le 22, le lendemain, à la pointe du jour, M. Lesdiguières que le roi (Henri IV) avait fait lieutenant-général en son armée et bientôt gouverneur de la Savoie, parce que « il savait la langue et le pays et il en avait remarqué mieux que tout autre les entrées et les issues », partit avec tout ce qu'il put emmener de forces, et tous nous autres volontaires, qui étions avec le Roi au nombre de 10 ou 12; et passant à la merci des canonnades de Montmélian et de Miolans, vînmes repaître à Saint-Pierre-d'Albigny, puis attaquer une escarmouche à Conflans, et passer plus d'une lieue au-delà, pensant y trouver Albigny logé avec les troupes de M. de Savoie; mais il en était parti le matin; de sorte qu'il nous fallut retourner à Saint-Pierre-d'Albigny, où nous ne pûmes arriver qu'à 3 heures après minuit, ayant été 24 heures à cheval par un chaud excessif.

Le lendemain, M. Lesdiguières fit sommer Miolans qui se rendit, et ne voulut point investir ce jour-là Conflans, tant par la traite du jour précédent, que parce que c'étoit la fête de la Saint-Barthélemy, jour funeste à ceux de la religion. Mais le lendemain matin, il s'y achemina avec trois compagnies du régiment des gardes, et sept de celui de Créqui. Les gardes avoient l'avant-garde, et se hâtèrent de devancer le régiment de Créqui comme ils firent, et firent leurs approches par le bas de la place dans le faubourg (Adoubes ?), que ceux de la ville avoient brûlé deux jours auparavant, lorsque nous parûmes devant la ville; mais peu après s'y être logés, étant vus et battus par derrière d'une maison plate, où il y avoit 40 mousquetaires, à la première sortie que firent ceux de Conflans, 1/4 heure après ils rembarrèrent les gardes jusques au bas de la montagne. Alors parut le régiment de Créqui, qui vint prendre avec eux le premier logement. Ceux des gardes au dîner de M. Lesdiguières vinrent demander un des canons destinés pour battre la place, afin de forcer cette maison plate qui leur incommodoit si fort leur logement. Alors M. de Créqui, qui étoit piqué de ce que ceux des gardes ne l'avoient point attendu pour donner à leur gauche à leur investissement, offrit à M. Lesdiguières de la prendre sans canon, qui le prit au mot; et l'après-dînée M. Lesdiguières s'en vint de l'autre côté de l'Isère, vis-à-vis de l'autre maison, pour en voir l'ébattement.

Un pétardier, nommé Bourquet, attacha un pétard à la porte, qui fit plus de bruit que de mal; mais il y avoit une grange tenante à la maison, que l'on sapa, et puis on y mit le feu, qui les contraignit de se rendre à miséricorde: et M. de Créqui les emmena tous liés à M. Lesdiguières, qui puis après alla par en haut, lui sixième (dont j'étois l'un), reconnoître le lieu de sa batterie; et étant sur le haut, un des capitaines du régiment de Créqui, qui étoit un des six, nommé La Couronne, parlant avec moi, reçut une mousquetade de la ville, qui lui rompit la cuisse.

M. Lesdiguières nous montra où il feroit sa batterie, que nous tenions un lieu inaccessible pour le canon; mais il nous dit : « Demain à 10 heures mes deux canons seront montés, si je puis gagner ce soir 40 écus à M. de Bassompierre, pour en donner 20 aux Suisses et 20 aux Français qui les monteront. » Ce qu'il fit, ayant fait premièrement monter ses canons, munitions, gabions et plate-formes au pied de la montagne, si droite qu'à peine un homme y pouvoit monter à pied, et fit creuser des loges pour tenir ceux qui serviroient à garder les canons, qui étoient comme des marches où ils se pouvoient tenir, et mit en montant 50 Suisses d'un côté et 50 Français de l'autre côté, avec des câbles, et alloit d'espace en espace, en montant, faire faire des relais pour reposer le canon, et donner loisir aux Français et aux Suisses de remonter aux marches plus hautes. Et ainsi ayant premièrement fait guinder les gabions, puis les plates-formes, les munitions et les affûts, finalement monta les canons avec une diligence incroyable, et dont nous n'avions encore vu en France l'expérience. La batterie fut prête à 11 heures, et on commença à battre le derrière du château qui est au haut de la ville, contre l'attente des assiégés, qui ne se fussent jamais doutés que l'on les eût pris par là.

Le Roi arriva à la batterie sur les 2 heures après midi, comme nous nous étions préparés pour aller à l'assaut; ce qu'il ne voulut permettre, et envoya quérir par Perne, exempt de ses gardes, 8 ou 10 volontaires qui étoient prêts à donner, et en même temps ceux de la ville firent une chamade pour se rendre; et sortirent 2 heures après avec honorable capitulation, 1.030 soldats commandés par le marquis de Versoy et le baron de Vateville, et nous n'étions pas tant à les assiéger.

Le Roi partit le lendemain, et vint coucher à Saint-Pierre-d'Albigny. Le jour d'après il dîna au château de Miolans. Il trouva dedans cinq prisonniers que le duc de Savoie y détenoit depuis très-longtemps et qui ne pouvoient endurer la clarté du jour en sortant. Il donna la liberté à quatre, et le cinquième ayant été reconnu pour avoir fait de grandes méchancetés en France, il fut envoyé à Lyon où peu de jours après il fut mis sur une roue. De là le Roi vint coucher à Chamoux, pour faire le siège de Charbonnières déjà investi...

Le même par le sieur de la Popellinière. (Hist. de la conq. des païs de Bresse et Savoye par le Roy très-chrestien, Lyon, 1601.) — Le même effroy des armes Françoises, fit rendre ceux de Conflans après s'être fait batre de deux canons : quand ils les virent et sentirent aussi tôt placez, que pointez et vomir leur rage contre leurs foibles deffences, qui ne peurent empescher la brèche raisonnable. Pour remplir laquelle, le Roy estoit prest de faire marcher troupes jà esleües (choisies). Si la garnison de 1.200 hommes de guerre, préférant l'incertain événement d'un furieux assaut, à l'honneur asseuré d'avoir en bons guerriers, du moins tasté la valeur des ennemis : n'eust mieux aymé eschanger le commandemant de la place à la liberté de la vie et bagues sauves, qu'on luy permit d'emporter.

Démolition du pont de L'Hôpital dans la retraite sarde en 1792. (Lettre) du 20 septembre 1793. C. 899.

Au général des Finances.

Vous savez, Monsieur, que le chef charpentier aux salines de Conflans, était Joseph Caille, dont l'habilité d'abord exaltée par le sieur Garioд, inspecteur desdites salines, puis attestée par M. le chevalier de Buttet, ne laisse rien à désirer. Lors de notre fatale retraite en septembre l'année dernière, nos troupes firent abattre le pont de L'Hôpital, et ce fut ce Caille qui l'abattit. Les Français l'ont su et l'ont d'abord cherché pour l'arrêter : il fut assez heureux pour pouvoir se sauver, et vint se présenter au Petit-Saint-Bernard pour passer en Piémont, mais l'ordre précis de ne laisser passer personne fut aussi suivi à son égard, et il a dû rester caché dans nos montagnes, jusqu'à l'entrée récente de nos troupes jusqu'à Moûtiers, et il s'est fait connaître, et tant notre général que M. le chevalier de Robilan, écuyer de S. A. R. Mgr le duc de Montferrat, s'en sont servi plusieurs fois. Il s'est si bien acquitté de ses commissions que M. le chevalier de Robilan m'a écrit, il y a quelques jours, pour mémoire, le petit billet ci-joint, en me priant de satisfaire les désirs dudit Caille et me répétant qu'il le méritait. Je présume encore que telle est l'intention de S. A. R....

La bataille de L'Hôpital-Conflans, 28 juin 1815. — Provoquée par l'offensive des Français, contemporaine de Waterloo et qui les avait amenés à envahir le territoire sarde et occuper, le 15 juin 1815, ses capitales en Savoie désannexée par le traité de Paris du 30 mai 1814 : Conflans, siège du Sénat de Savoie et L'Hôpital, de l'Intendance générale du duché.

Le feld-maréchal Frimont avait détaché de Novare, sous les ordres du général Trenck, une colonne composée d'un régiment d'infanterie hongroise (Duka), d'une batterie de 100 hussards et quelques Croates. Cette colonne avait ordre de se diriger sur le Petit-Saint-Bernard, de rejoindre en Tarentaise les troupes sardes du général Andezeno et de venir ensuite attaquer la ville de Conflans-L'Hôpital.

L'attaque de Conflans par les deux colonnes devait avoir lieu simultanément le 28 à l'aube. La première (Trenck) devait descendre la Tarentaise, la seconde (Andezeno) se porter sur Beaufort, pour venir attaquer Conflans-L'Hôpital par les deux rives de l'Arly...

Dès son arrivée à Beaufort, le général sarde envoya des reconnaissances sur l'Arly et les abords de Conflans. Elles lui apprirent que la rivière n'était pas guéable et que tous ses passages, en amont de la ville, étaient tenus par des postes français. Se voyant alors dans l'impossibilité d'attaquer L'Hôpital à revers par Pallud et Saint-Sigismond, il résolut de se porter sur Conflans par la vallée du Doron et les hauteurs de la Roche-Pourrie.

La ville et les passages de l'Arly étaient défendus par le colonel Bugeaud, qui avait sous ses ordres : le 14e de ligne, le 1er bataillon du 20e de ligne, le 1er escadron de chasseurs.

...Le général Andezeno, parti le 27, à 4 heures du soir, de Beaufort, se dirige avec un bataillon sur les hauteurs de la Roche-Pourrie pendant que son deuxième bataillon qui avait suivi la vallée du Doron par les deux rives, vint donner dans le poste de Queige, le 28 à 3 h. 1/2 du matin. Ce poste battit en retraite sur Venthon et le pont de L'Hôpital. Quant à la colonne Trenck, son arrivée sur le champ de bataille fut retardée par les obstacles qu'elle rencontra en cours de route...

Le gros des troupes de Bugeaud occupait la rive droite de l'Arly ; seul, un détachement de trois compagnies, laissé sur la position de Conflans, avait pour mission de tenir sur la rive gauche, « pour attirer à lui toutes les forces de l'ennemi et lui ôter ainsi la pensée de tourner la position réelle de la rive droite en passant la rivière à 1 ou 2 lieues au-dessus ». La position de la rive gauche devait être évacuée sans combat sérieux ; si l'ennemi tentait alors le passage, « il présentait la circonstance la plus heureuse pour une armée inférieure, celle de ne combattre que la fraction d'une armée scindée en deux par une rivière ». Ce plan avait été exposé le 27 au soir à toute la colonne réunie, afin, disait le colonel Bugeaud, « de trouver plus d'intelligence et de fermeté dans l'exécution ».

La retraite trop précipitée du détachement français, qui de Queige s'était porté sur L'Hôpital sans s'arrêter au pont, faillit tout compromettre. Le bataillon hongrois qui le poursuivait réussit à traverser le pont à sa suite... coupant ainsi la retraite aux trois compagnies du 14e laissées à Conflans. Entre temps, le 2e bataillon d'Andezeno était descendu de la Roche-Pourrie et était venu prêter son appui au bataillon hongrois.

Le colonel Bugeaud, qui était resté sur la rive gauche avec les trois compagnies séparées du régiment, leur donna l'ordre de se jeter dans la Fonderie située au confluent de l'Arly et de l'Isère, et d'y tenir à outrance. Lui-même traversa l'Arly à la nage ; il trouva son régiment en pleine retraite, conduit par le général Bouvart, sous les ordres immédiats de qui il se trouvait... ; mais Bugeaud, qui ne voulait point laisser L'Hôpital, aux mains de l'ennemi, apostropha son général en termes fort énergiques et, se mettant à la tête de compagnies de grenadiers, il les ramena sur la localité, en prescrivant au reste du régiment de marcher en soutien...

Les grenadiers furent accueillis par un feu nourri qui ne brisa pas leur élan. Arrivés à 40 *pas de la tête de colonne hongroise, ils furent arrêtés*, exécutèrent une seule décharge, se précipitèrent sur la colonne ennemie aux cris de « En avant ! ». Les Hongrois refluèrent en désordre dans les rues et sur le pont de L'Hôpital, qui fut bientôt encombré de fuyards. Quelques-uns, voulant traverser la rivière à la nage, s'y noyèrent ; un grand nombre restèrent aux mains des grenadiers, qui occupèrent la localité...

Le général Trenck, à son arrivée, fit passer quelques renforts à Andezeno qui, *voulant réparer un premier échec, s'apprêtait à reprendre l'offensive par* le pont de L'Hôpital. De son côté, Trenck formait ses troupes en colonne derrière le canal de la Fonderie, leur faisait passer l'Arly à gué près du confluent et marchait sur la route de Chambéry, menaçant ainsi la ligne de retraite de Bugeaud.

Celui-ci ne disposait que des six compagnies du centre ; les ailes, grenadiers et voltigeurs, occupaient le bourg face à Andezeno. Au lieu de porter directement ces six *compagnies sur la colonne ennemie*, ...il les dirigea sur le gué, de façon à menacer sa ligne de retraite, certain ainsi « de frapper son moral d'une manière décisive ».

Dès que ce mouvement fut nettement dessiné, la colonne ennemie s'empressa de rétrograder sur le gué, d'abord en ordre, puis en grande confusion. Les fusiliers du 14e dirigèrent alors sur cette masse fuyante un feu nourri qui lui causa de grandes pertes. Entre temps, l'artillerie de Trenck s'était mise en batterie sur les hauteurs qui dominent les Adoubes, et dirigeait un feu violent sur les premières maisons de L'Hôpital et en particulier sur la rue du Pont, où des incendies ne tardèrent pas à se déclarer. Andezeno tentait à plusieurs reprises, avec l'appui de cette artillerie, de franchir le pont et d'enlever le bourg de L'Hôpital, mais il se heurtait à une résistance opiniâtre des compagnies d'élite du 14e, que ni l'incendie ni le bombardement ne parvenaient à ébranler...

Vers 9 heures, les munitions de la ligne de combat venaient à manquer, ...et pour soustraire les défenseurs de L'Hôpital à un feu auquel ils ne pourraient bientôt plus répondre, Bugeaud résolut de porter toutes ses troupes sur une position en arrière du bourg, choisie de telle sorte qu'il pouvait soit battre en retraite par le col de Tamié, si le renfort attendu (un bataillon du 67e arrivé la veille à Ugine) n'arrivait pas, soit au contraire marcher à l'attaque de L'Hôpital, si le renfort se présentait au nord de la localité. La retraite du 14e se fit sans être inquiétée. Andezeno jeta, il est vrai, deux bataillons dans L'Hôpital, mais au lieu de poursuivre les Français, ces bataillons se répandirent dans le bourg et le mirent au pillage. Pendant ce temps, l'échelon des munitions avait rejoint le 14e sur sa nouvelle position et l'avait ravitaillé. Les coups de canon tirés par les Autrichiens dans la direction d'Ugine annoncèrent bientôt à Bugeaud que le bataillon du 67e arrivait à portée du champ de bataille. Dès qu'il l'eut aperçu sur la côte de Pallud, il forma avec son régiment trois colonnes d'attaque et les lança au pas de charge à l'assaut de L'Hôpital. Les Autrichiens ne firent pas de résistance sérieuse; ils refluèrent en désordre sur le pont et ses abords où ils laissèrent bon nombre des leurs. La jonction du 14e et du 67e se fit sur un monceau de cadavres.

Bugeaud, ayant reçu un nouveau bataillon de renfort du 20e de ligne, venu de Montmélian, prenait ses dispositions pour passer à une vigoureuse offensive, quand un chef de bataillon d'état-major vint lui annoncer qu'un armistice venait d'être conclu entre le comte de Bubna et le maréchal Suchet. Le colonel dut abandonner le terrain sur lequel ses troupes avaient si vaillamment combattu et se retirer sur les frontières de la Savoie, conformément à une clause de la convention. Ce combat, dans lequel moins de 2.000 Français, qui venaient d'apprendre la nouvelle du désastre de Waterloo, luttèrent avec avantage pendant 10 heures contre des forces supérieures, est un des plus beaux faits d'armes qu'enregistre l'histoire militaire des Alpes... Ce fut le 28 juin 1815, sur les rives de l'Arly, que le futur maréchal duc d'Isly, commença d'illustrer un nom qui devait acquérir tant de célébrité sur la terre d'Afrique. L'ennemi perdit dans cette affaire 1.500 hommes tués ou blessés, et 500 prisonniers.

D'après le capitaine Hennequin, *Le corps d'observation des Alpes en 1815*. Cité par G. Pérouse, Inv. Arch. com. Conflans et Hôpital, doc. p. 72.

Historique du duel économique entre Conflans et L'Hôpital. F. S. Albertv. 1, 8 mai 1817. — Au seigneur Intendant général du duché de Savoye supplient humblement les sindic et conseil de la ville de Conflans. — Disant que, depuis un tems immémorial, leur ville était en possession d'un marché hebdomadaire qui se tenait le samedi, et de cinq foires annuelles. — Ce droit est fondé sur des titres aussi respectables qu'ils sont authentiques. Le plus ancien qu'ils aient pu conserver, et qui en suppose d'autres antérieurs, date du 5 juillet 1074. C'est une pattente donnée par S. A. le duc Philibert de Savoye qui accordait à la ville de Conflans la tenue des foires, pour la dédommager des maux qu'elle avait soufferts.

Une autre pattente donnée par le comte Amedé de Savoye le 18 décembre 1381, confirmait le marché du samedi de chaque semaine et trois foires annuelles avec leurs retours.

Ces concessions ont été confirmées d'âge en âge; et la jouissance en avait toujours été paisible et sans trouble, lorsque le bourg de L'Hôpital s'avisa par des moyens peu délicats, d'attirer à lui les marchés de Conflans. Ses tentatives furent d'abord réprimées par un manifeste de la Chambre des Comptes du 20 avril 1784.

Enfin des lettres patentes du 23 mars 1792 accordées par S. M. le Roi

Victor-Amedé de glorieuse mémoire, entérinées à la Chambre des Comptes, confirmèrent toutes les précédentes concessions.

Cependant la Révolution étant arrivée en Savoye, le bourg de L'Hôpital crut que le tems était propice pour renouveller ses entreprises : ce qu'il fit, tantôt à force ouverte, tantôt par des démarches et des sollicitations auprès des autorités.

Il obtint de l'administration centrale du Mont-Blanc, le 27 germinal an VII, un arrêté subversif de tous les droits et titres de la ville de Conflans.

Par un autre arrêté, sous date du 6 frimaire an XII, le Préfet rendit les marchés hebdomadaires alternatifs entre Conflans et L'Hôpital. A l'aide de cette disposition, les habitants de L'Hôpital intriguèrent de tant de manières, en trompant et séduisant les gens de la campagne, en répendant de faux bruits, en employant d'autres moyens plus odieux encor, qu'ils parvinrent à s'attirer exclusivement tous les marchés et toutes les foires.

La ville de Conflans fit des plaintes et des réclamations inutiles; diverses lettres de M. le Préfet, qui ordonnaient l'exécution littérale de son arrêté, restèrent toujours sans résultat.

Enfin la Savóye ayant eu le bonheur de rentrer sous les loix de son Auguste souverain, la ville de Conflans a présenté une supplique à S. M. par laquelle, après avoir rappelé les sentiments de fidélité et de dévouement dont elle a donné ses preuves non équivoques dans tous les tems, elle a réclamé son rétablissement dans la jouissance de ses anciens droits.

Le souverain a daigné accueillir avec bonté cette réclamation : M. Vella votre prédécesseur chargé de faire un rapport, a présenté ses vues qui sont des plus favorables à la ville de Conflans; M. le chevalier de Radicati, secrétaire de cabinet de S. M., les a approuvées par sa lettre-missive du 12 août 1816 par laquelle il a recommandé à M. l'Intendant général de dire aux suppliants que s'ils voulaient donner suite à leur demande, ils devaient s'adresser au bureau d'Etat des affaires internes.

Les suppliants informés de cette disposition par lettre de M. Vella du 17 du même mois se hâtèrent de transmettre leurs titres et pièces au bureau d'Etat qui leur était indiqué.

Aucune détermination n'a encor été prise : le rapport du bureau d'Etat n'a pas même encore pu être fait. Ce retard devient préjudiciable à la ville de Conflans par la privation des avantages auxquels elle a droit et par le laps de temps dont ses adversaires cherchent à profiter pour fortifier leur injuste possession.

Suit une autre supplique au sujet du remboursement (capital et arrérages) d'une créance de 15.000 livres anciennes de l'hôpital de la ville de Conflans sur le mont Saint-Jean de Turin, constatée par un certificat du 28 may 1806 délivré par le Conservateur des rentes du Piémont. ...Depuis cette époque, l'hôpital de Conflans n'a rien reçu et il reste privé de sa principale ressource...

Dans ce double intérêt, les suppliants instruits par l'expérience que la voie de la correspondance avec les gens d'affaires ne donne des résultats ni assez prompts ni assez sûrs, avaient déterminé d'envoyer une députation à Turin pour solliciter une prompte décision dans l'une et l'autre affaire.

...Sur ce plaise pourvoir.

Signé : Grand, cons(eiller.)

Nouvelle délibération du Conseil (le 8 may 1817). — Profondément affligé de voir qu'au mépris des anciens privilèges de cette antique ville, elle se trouve par l'effet des circonstances privée de ses foires et marchés hebdomadaires du samedy, au point qu'à peine en conservent-ils le nom, a de nouveau pris la résolution de nommer une députation (Girard, chanoine, et Reymond, procureur à ce siège maje) à Turin.

Approbation de la délibération par l'Intendant de la Haute-Savoie, sous réserve de celle de l'Intendant général. — A seule fin d'obtenir « la prompte liquidation et le payement des arrérages qui restent dûs à l'hospice de cette ville par le Mont Saint-Jean de Turin, soit une décision royale sur les privilèges des foires et marchés dont elle sollicite le rétablissement, telle que, en conciliant la justice à rendre à cette ville, avec la protection due aux autres foires et marchés de la *province et réglant les droits et prétentions respectifs*, elle puisse mettre fin aux dissensions toujours renaissantes à ce sujet entre les deux villes de Conflans et L'Hôpital et rétablir l'union et le bon ordre.... ».

Rapport sur les ressources que présentent la « ville » de Conflans et le « bourg » de L'Hôpital pour le local des séances du Sénat et les logements de S. Exc. le Premier Président et de MM. les Sénateurs (juin et septembre 1814). F. S. 890. — Le rapport mentionne les « locaux propres au logement des autorités » :

1° L'ancien couvent des Capucins pourrait « offrir un logement convenable pour les séances du Sénat... Il est situé à mi-côte et est actuellement affecté à un pensionnat de jeunes gens. Il a l'agrément d'avoir un beau jardin, une belle cour, une cour de service ; mais l'intérieur très-mal distribué... exigerait des dépenses trop fortes. D'ailleurs, il faudrait trouver un édifice pour remplacer le pensionnat, ce qui serait difficile à trouver » ;

2° L'ancien couvent des Bernardines. Cet édifice est situé sur la grande place de Conflans, près de la paroisse. Occupé par un pensionnat de jeunes demoiselles et en partie par la mairie et par la justice de paix, on pourrait peut-être y établir les séances du Sénat (ce qui fut fait moyennant 4.500 fr. de *dépenses pour réparations et ameublement*) et conserver en même tems le pensionnat ;

3° Le château de M. le comte Manuel est le plus beau logement de Conflans. Malheureusement à mi-côte et assez éloigné du local propre pour les séances du Sénat. M. le Comte le céderait pour le service de S. Exc. le Premier Président...

Le soussigné ne peut s'empêcher de saisir cette occasion pour rendre à Mme la Comtesse tous les éloges qu'elle mérite pour le zèle qu'elle a montré, pour les soins infatigables qu'elle s'est donnée dans cette circonstance et le dévouement sans bornes qu'elle a montré ;

4° Le logement idéal pour S. Exc. serait « la maison de M. le baron Perrier qui est situé sur la *place et à proximité du local propre pour les séances* du Sénat. M. le Baron est disposé à céder à S. Exc. son appartement au deuxième composé de 10 à 12 pièces, y compris la cuisine et autres accessoires. Le salon, la chambre à coucher sont exposés au midi. Cet appartement n'est *ni* disposé, ni meublé... C'est ce qu'on peut trouver de mieux à Conflans... », etc.

Logements qui peuvent servir aux administrations publiques (en 1814). (Extrait de notes communiquées par M. le comte d'Agliano, gouverneur militaire de la Savoie.) F. S. 890.

1° A Conflans. — 1° Ancien couvent des religieuses des Bernardines. Il contient de vastes salles et est actuellement occupé par un pensionnat de jeunes demoiselles ;

2° Ancien couvent des Capucins à la Rampe de Conflans. Il est occupé par une pension de jeunes gens. Cet édifice est préférable au précédent par son site, sa vue et sa proximité de L'Hôpital. Il pourrait servir à l'Intendance générale ou de bureau de l'Avocat général. Ces deux édifices ont de beaux jardins en forme de terrasses ;

3° Edifice de la Fonderie centrale. Il se trouve dans la plaine de Conflans et a été presque reconstruit à neuf, il y a cinq ans. Il contient de vastes appartements décorés tous fraîchement pour le Directeur général, l'Ingénieur, le Payeur et le Garde-magasin de l'Etablissement. On pourrait y loger le Commandant général et l'Intendant général. On peut y placer des troupes soit à pied soit à cheval ; car pour ces dernières on peut réduire de vastes magasins qui y font partie de l'édifice, en belles écuries et remises.

Autres logements moins considérables :

4° Le château du comte de Locatel de Manuel ;

5° La maison de M. le baron Perrier. Elle est à trois étages dont un doit être libre ;

6° La maison du baron Grignon, célibataire ;

7° La maison du nommé Tirard, qui l'a achetée du baron Dunoyer.

Il y a d'autres maisons de bourgeois assez propres.

Il y avait beaucoup de logements dans un tems, mais depuis le bombardement et la canonnade que cette ville a soufferte en 1610 (?) sous Henri IV, en personne, il n'y a que ceux désignés ci-dessus.

2° A L'Hôpital. — Il existe encore quatre à cinq maisons placées à côté des halles dont on ignore les propriétaires. Toutes les maisons énoncées ci-dessus sont comme neuves ; car depuis vingt ans ce pays, par ses ressources et l'agrément de son site, a été occupé par nombre de personnes qui s'y sont fixées nouvellement et qui y ont fait bâtir. Il y a encore des maisons à Saint-Sigismond, à deux pas de L'Hôpital, dont on peut profiter au besoin ; entr'autres celle de feu l'avocat Dubois.

L'Hôpital est dans la plaine au bas de Conflans. Ce bourg, par son sol, sa fertilité, ses communications avec le Faussigny y appelle beaucoup d'étrangers qui y ont fait bâtir et qui font encore bâtir en ce moment. Les maisons les plus remarquables sont :

1° Le château du marquis de la Pierre, très-spacieux ; 2° la maison de l'avocat Levret ; 3° la maison neuve de J.-B. Bompard (émigré de Conflans). Elle est au milieu de L'Hôpital ; elle est supérieurement distribuée, fraichement meublée et peut loger un des premiers fonctionnaires ; 4° la maison Violet. Elle est au fond de L'Hôpital et peut loger deux ou trois magistrats. Elle contient 12 chambres neuves et bien décorées ; 5° la maison Pillau ; 6° la maison Palluel ; 7° la maison de Berthod, aubergiste, en face de son auberge. Elle a beaucoup de chambres très-propres et peut loger deux ou trois magistrats : 8° maison neuve de Massiota ; 9° maison de l'aubergiste Genin ; 10° maison d'un nommé Déglise ; 11° maison Ancelme, au-dessus de l'Hôtel de Ville. Elle pourrait loger deux ménages ; 12° maison Jacquemod ; 13° maison Michel Grugeon : 14° maison Jean-Louis Brun : 15° maison Ratt, greffier ; 16° maison du notaire Toniord ; 17° maison du *propriétaire dit l'Etat.*

Il y a bien d'autres maisons qu'on ne met point, parce qu'elles n'appartiennent qu'à des aubergistes.

Conflans au baptême d'Albertville. — La réunion de Conflans à L'Hôpital sous le *vocable commun* d'Albertville *en* 1835, dut *être célébrée en* grande pompe par ordre du roi Charles-Albert, avec messe solennelle, *Te Deum* et discours approprié. Le curé de Conflans, M. Gadin, à qui fut réservé l'honneur de magnifier les bienfaits de l'ordonnance royale, aurait désiré, et pour cause, s'y dérober. Du moins, son exorde sut être approprié, au delà des désirs du roi. S'adressant à S. M. : « Nous ne vous avons rien demandé et vous nous avez tout enlevé. Que sera-ce quand nous nous recommanderons à vos royales faveurs ?... » Et ce ton d'amère ironie se continua tout le discours. Le roi fut médiocrement flatté et le soir même, le courageux curé recevait la visite des carabiniers royaux avec mission, à toutes fins utiles, de saisir son discours. Il demeura introuvable, le curé ayant prétexté de sa fâcheuse habitude de n'écrire jamais et d'improviser toujours.

Communiqué par M. le baron Perrier de la Bâthie, ancien professeur départemental d'agriculture, † 1917, et sa fille, Mlle D. Perrier de la Bâthie.

2° L'HOPITAL-ALBERTVILLE

Tarif, au 21 janvier 1717, des péages et pontenages des ponts de L'Hôpital de Conflans sur l'Arly et des Chèvres sur l'Isère. (Adjugés à 415 livres à Grat-Doucet, à Chambéry, 8 mars 1728.) — Sont exemptes toutes les paroisses incluses dans les limites de Cevins, Ugine et Montailleur, moyennant 2 sols de Savoye par chaque lumière.

Tous autres n'estants desdites paroisses payeront suivant et à la forme de la Tariffe, passant sur ledit pont de L'Hôpital et des Chèvres, et rivière d'Izère et d'Arly, et toutes les fois qu'ils passeront :

Pour chaque personne, 1 quart, soit 0 liv. 0 s. 3 deniers 4 ; pour chaque bête ayant sa selle, 1 quart ; pour chaque bête chargée de marchandises du pays comme fromages et autres semblables, 1 quart ; pour les autres bêtes chargées de marchandises étrangères comme draps, baranes, huille et autres, 2 quarts ; pour chacune trentaine de moutons, agneaux, chèvres, brebis, 10 quarts, et des autres qui ne font le nombre de 30, pour chacune, 1 fort ; pour chacun bœuf, vache, mojon (génisse), mules, mulets, ânes, veau et autres semblables, 1 fort à chaque fois ; pour chacun pourceau, 2 quarts. C. 82.

N. B. — Les paroisses exemptes des péage et pontenage, entre Ugine, Cevins et Montailleur, constituent encore aujourd'hui la clientèle traditionnelle des marchés d'Albertville.

L'Hôpital d'après le plan cadastral de 1728. C. 3.049. — 1° Dans la mesure où cette mappe plus qu'usagée se laisse déchiffrer, le quartier de l'église semble avoir une certaine importance. Par contre un seul bâtiment figure à l'entrée de la rue du Pont et la Grande-Rue apparaît encore bien dégarnie. La digue avec route sur la rive droite de l'Arly chemine au hasard du lit majeur de la dernière inondation, mais elle est renforcée de quatre *peneli* ou épis très opérants, à voir le gros de la rivière, le *corso maggiore*, refoulé sur la rive gauche.

2° A retenir le premier penelo ou épi à l'aval du pont, point de sécurité contre l'Arly, au droit duquel s'amorceront les futures rues Grenette et Gambetta, déjà esquissées en 1772.

3° Au *roc* de Conflans, aujourd'hui abattu et coupé sur l'alignement du versant gauche de l'Arly en vue de l'installation de la nouvelle route de Beaufort, correspond exactement sur la rive droite, le bas replat de l'ancienne église. Il a vaguement, lui aussi, l'apparence d'un verrou que traverse aujourd'hui en tunnel la ligne d'Ugine. Tous deux forment comme un dernier étranglement du Val d'Arly, le site tout indiqué de l'ancien pont. La Grande-Rue, tout comme les Adoubes, serait née sous le couvert de cet abri, de cet épi naturel sur l'Arly.

La voirie à L'Hôpital en 1760. C. 685. Un « rénitent » (réfractaire).

Monsieur,

J'ai l'honneur de vous informer que lundi dernier faisant ma ronde par L'Hôpital assisté des sieurs Brigaud, scindic, et Joseph Charvet, conseiller, nous enjoignîmes à chacun d'ôter le *marrein* (terreau) qu'ils avaient devant chez eux, d'aplanir et remplir les creux des pavés pour la procession du Corps de Dieu, à quoi tous se sont exécutés sauf le nommé Jaque Dumolin qui nous dit qu'il n'en ferait rien et que peu lui importait que cette procession se fit ou non, sous prétexte qu'il avait une place dans cette rue d'environ 6 toises devant sa grange acquise du sieur sénateur Vibert en 1708... Et pour bien faire acte de propriétaire, il occupe cette place avec des pierres prises à la muraille de la maison du sieur Lachenal... « Cependant on lui fit bien entendre qu'on n'entendait point préjudicier à son fonds après avoir justifié d'iceluy, mais seulement d'enlever ce marrein pour le décor de la procession... » Le mardi, on lui réitère les ordres... nouveau refus... « et pour arrêter une émeute qui s'allait élever » il est menacé d'un envoi de brigade, « ce que je fis sur les 4 heures ».

De ce, compte est rendu « pour qu'en cas qu'il vous oposa ou nous fit représenter des raisons contraires, vous puissiez luy faire la leçon que mérite un conseiller qui doit s'exécuter le premier pour donner exemple aux autres. »

Hyacinthe Levret, secrétaire, 6 juin 1760.

Requête du 28 avril 1762 sur les inondations et corrusions de l'Arly. C. 685.

Monsieur (L'I. G.),

Vous avez tiré les habitants de L'Hôpital de la misaire où le feu (1758) les avait réduit en leur faisant bâtir des maisons; ils ont bien à présant besoin de votre protection pour leurs éviter les malheurs dans lesquels l'eau est à la veille de les jetter; heureusement cette année icy les neges qui sont dans les montagnes ne fondent que par l'ardeur du soleil, sans qu'il y aye eu ny pluye ni vent chaux, ce qui fait que la rivière na pas emporté le millieux de la plaine, ce qui seroit arivé si les neges avaient foudu par quelques pluyes, car quoi qu'il ny aye eu que l'ardeur du soleil qui les aye fait fondre, la rivière est si grosse quelle prent son cour le long d'un grand chemain... presque au millieu de la plaine sans cependant avoir emporté le terrain, mais seulement par l'élévation qu'elle s'est fait dans son lit... Cette inondation n'est pas toujours égale : elle est moindre le mattin mais très considérable le soir, et... elle ne fait pas un mal irréparable parce qu'elle n'emporte pas le terrain, mais elle en fait beaucoup aux bleds qui seront très endomagé, l'eau pourissant la racine qui fait jaunir la plante qui serat presque sans grain et peu de paille, — voilà monsieur le mal quelle fait pour cette année, eu égard à la fonte des neges qui ne se fait que peu à peu, mais qui dans une autre année emporteroit ce terrain, si les neges fondoient par la pluye... — D'où la nécessité d'une digue en cet endroit (rive droite).

Il y en a encor un autre plus dangereux (rive gauche) ...l'on y a fait une digue pour conduire l'eau de la rivière à la roue des salines, l'on l'a mis trop près du roc de M. Manuel, ce qui fait qu'estant trop étroite dans les crues d'eau, il s'est fait une brèche au millieu de la digue qui change le cour de la rivière qui tirait au midi et lui donne une pente droite au couchant (rive droite)...; si elle s'y fait une ouverture elle emportera cette partie du terrain de L'Hôpital et ensuite celui de la plaine de Saint-Sigismond jusqu'au grand chemin d'où l'élévation (du cône du Chiriac) la renverra dans le fond de la plaine pour ratraper son lit; — ce qui l'a arrêté jusqu'à présant c'est que (la pièce en bordure) étant en brussailles (le filtre et l'armature des vernays) elle a un peu résisté malgré les corrusions qui en emportent tous les jours quelques parties en sorte qu'il n'en reste aujourd'hui d'opposé à la rivière que 4 ou 5 toises qui auraient sûrement été emportés si elle avait été tout à coup grossie par les pluyes chaudes du printems...

Signé : Saint-Marcel.

Origine du tracé de la Grande-Rue, avenue Victor-Hugo et route de Chambéry (1763). C. 504. Route de Montailleur à Conflans (Redressement).

Conflans, ce 16 décembre 1763.

Monsieur,

La lettre que vous m'avez fait la grâce de m'écrire, Monsieur, du 13 de ce mois, avec la copie de celle du Conseil de L'Hôpital qui y était jointe m'est parvenue à Conflans; en conséquence de laquelle j'ai fait suspendre toute opération qui concerne la route en question, et j'ay l'honneur de vous adresser ci-inclus le plan démonstratif que vous m'avez fait celui de me demander; je n'ay pas encor vu le Conseil de L'Hôpital, ainsi que vous me faites la grâce de me le marquer de s'adresser à moi pour lui faire entendre raison; le sieur Levret qui est le premier moreur du tout à cause que le chemin passerait dans un de ses fonds, saura bien dissuader le Conseil de me venir parler; sa crainte est naturelle. M. le comte de la Tour à qui le novau chemin emporterait 4 journaux de terrain en est fort content, comme aussi plusieurs autres particuliers qui ne craignent rien autre que cette route ne se fasse point ; l'actuelle étant impraticable sans qu'elle soit susceptible d'aucune réparation solide, quoique le Conseil de L'Hôpital ait exposé le contraire ; tous les arbres en bonne partie de noyers, dont elle est bordée de part et d'autre dans toute son étendue, qu'il faudrait abattre ; tous ses enfoncements qu'il faudrait combler ; cette manœuvre rendrait la réparation beaucoup plus préjudiciable et pénible, outre qu'elle serait plus longue de 1.000 trabues (3.082 m.) : c'est-à-dire d'un quart environ.

Je me prend la liberté de vous faire ces petites représentations sur aucune autre vue que du bien de la chose.

J'ai l'honneur...

Capellini.

Inclus : Le plan démonstratif du novau trachement de la route de L'Hôpital à Montailleur avec l'actuelle existente.

Incendie du 23 décembre 1764. (Arch. départ. C. 134.) — Le feu a commencé dans le bâtiment d'un aubergiste sur les 6 h. 1/2 du soir, sans savoir par l'imprudence de qui ce malheur est arrivé. Malgré tous les secours qu'on y porta, comme tous les bâtiments étaient couverts de paille, le feu les saisit tout à coup : il y eut 39 familles dont les maisons furent incendiées et 7 des locataires ; il y eut une jeune fille qu'on trouva morte et étouffée dans une cave où elle s'était jetée pour se garantir ; il y périt aussi la plus grande partie des meubles et denrées, 15 vaches et 40 moutons que l'on ne put sauver.

L'incendie du 28 juin 1815 fut un fait de guerre, un épisode de la bataille de Conflans. Les batteries de Trenck, installées « sur les hauteurs qui dominent les Adoubes, dirigèrent un feu violent sur les premières maisons de L'Hôpital et en particulier sur la rue du Pont (Bugeaud) où des incendies ne tardèrent pas à se déclarer ». L'incendie « consuma 14 bâtiments ». (F. S. Albertville 1.)

Un troisième incendie, le 2 avril 1816, fit moins de dégats, semble-t-il. Néanmoins, pour venir en aide aux sinistrés, la commune s'endetta de 6.000 francs. (F. S. 705.)

L'Hôpital tête de pont et strictement bourg de pont. C. 685. A propos d'un projet de déplacement du pont d'Arly en aval des Adoubes en 1772. Protestation du secrétaire de la paroisse, Saint-Marcel.

Monsieur,

L'on vient de me dire que M. Capelini a fait deux projets pour le pont de Conflans, l'un pour le placer où il est (il venait d'être démoli par une inondation), et l'autre pour le placer dehor du bourg de L'Hôpital ; je viens, Monsieur, vous faire observer que L'Hôpital est le centre à présant où aboutissent la Morienne, la Savoye, la Tarentaise, le Foussigny et le mendement de Beaufort. Le Roy qui en connaît la situation, après un incendie a donné 18.000 livres pour le réparer. Le bienfait du Roy resterait inutile si l'on mettait le pont hors du bourg, et toutes les maisons que l'on a rebâties à grands frais perdraient toute leur valeur et ne pourraient être vendues que comme des simples granges ; *première raison* pour le laisser là où il est.

Deuxième raison : Le pont est appuyé du costé de Conflans sur un bon roc et du costé de L'Hôpital sur une bonne pile de pierre de taille précédée d'une bonne digue en muraille et plateau de chêne, au lieu que dans l'endroit où l'on le veut faire, il n'y a d'appui solide d'aucun costé.

Troisième raison : Dans l'endroit où il est la rivière est contenue d'un costé par un bon roc et de l'autre par la bonne digue qui joint le pont en sorte qu'elle ne peut pas passer ailleurs que sous le pont, au lieu qu'à l'androit où l'on le veut mettre, elle n'est contenue que par quelques mourceaux de digue de pierre crue assez mauvaise qu'elle peut abattre, et même sans les abattre elle peut prendre son cours par les intervalles qui sont entre ces mourceaux de digue et alors le pont serait sans eau et le *chemain de Tarentaise fermé.*

Quatrième raison : L'endroit où l'on le projette estant beaucoup plus large, il y faudrait beaucoup plus d'arcades.

Cinquième raison : Le village des Adoubes qui est au bout du pont du costé de Conflans devenant un cul de sac serait ruiné ny ayant plus de passage, estant appuyé d'un costé contre le roc et de l'autre contre la rivière, et ceux à qui appartiennent les maisons seraient obligés de les abandonner pour chercher à vivre ailleurs. L'aspect seul du lieu engagea S. E. Monsieur de Monrous à en désapprouver le projet.

J'ai barbouillé, Monsieur, un espèce de plan sans ordre et sans mesure autant que ma vue me l'a représenté. J'ai l'honneur de le joindre icy pour vous faire comprendre de quelle importance il est pour L'Hôpital que le pont demeure où il est. Vous aimez trop le bien public pour n'être pas touché de la perte que ferait le bourg de L'Hôpital et le village des Adoubes, si l'on leur ôstait *la source de leur commerce.*

J'ai l'honneur...

Saint-Marcel, 3 avril 1772.

L'Hôpital-s/-Conflans.

L'origine des rigoles de la Grande-Rue et de son pavé. L'achèvement de la digue protectrice de L'Hôpital, 12 mars 1781. C. 685. — Les plans et devis, arrêtés au cours de trois délibérations du Conseil, ont été remis à l'Intendant général en janvier 1781, « quoique malicieusement » pas conformes aux délibérations... « y jointe... une requête pour en donner le prix fait : 1° Le motif de la nécessité dudit pavé est pour introduire dans ledit bourg l'eau d'un ruisseau qui est au sommet d'icelui en cas d'incendie ainsi que nous sommes menacés tous les jours, étant couvert à paille; 2° de combler les fossés qui font face à plusieurs maisons et qui infectent ledit bourg; 3° par ce moyen l'on rend praticable ledit bourg comme grande route et en très mauvais état, quoi qu'il y aurait quelques particuliers de ce lieu qui voudraient s'y opposer, disant qu'il vaudrait mieux employer cet argent à la digue; ce n'est pas pour l'intérêt public qu'il vous fairoient ces représentations, c'est seulement pour s'exempter de fournir les matériaux, ainsi qu'il a été délibéré, et mêmement vouloir se mêler de faire l'intendant.

Il est vrai, Monsieur, que les réparations des digues sont nécessaires aussi, ayant déjà dépensé 20.000 livres dans l'espace de 10 ans avec l'aide de S. M. mais il ne reste plus qu'une brèche qu'avec 300 livres l'on peut empêcher de faire un versement...

Signé : Macciotta.

Réponse au questionnaire économique de l'intendant général baron Vignet des Etoles du 18 mars 1773. — L'Hôpital : L'église, à réparer, devis estimatif et prix fait donné et approuvé... « et pour égard du cœur et couvert d'icelle, ils sont encor en bon état.

Le cadastre, livre journallier et transport sont encor en bon état, mais quand à la mappe elle est totalement rompüe et déchirée, que l'on ne peut plus y reconnoitre la figure et le numéro de plusieurs pièces (réfection indispensable).

Transmis le 8 mars l'état des communaux et observations y relatives.

Le pont. « Il n'y a dans cette parroisse que le pont qui est moitié sur Conflans et moitié sur L'Hôpital qui paye ferme au Roy et à iceluy est annexé le pont des Chèvres pour traverser l'Izère, vers les salines de Conflans, et qui delà tend aux Millières et à Saint-Heleine, et delà à Aiguebelle, où il y a un petit péage compris à ladite ferme.

Il n'y a aucun moulin dans cette parroisse et il n'y a que 2 fours dont l'un appartient au sieur chevalier Manuel, soit à Nicolas et Benoit enfans de feu Baptiste Velat à qui il l'a abergé, et l'autre qui m'appartient et ceux qui y cuisent payent 2 sols 1/2 par carte.

Il y a aussi un boucher et plusieurs boulangers qui vendent au poids de Conflans qui est de 18 onces, mais nul châtelain n'a pris le soin d'en régler le prix.

Les particuliers de cette parroisse nourissent l'environ de 60 vaches, 19 bœufs, veaux ou génisses et dès qu'ils sont un peu âgés ils les engraissent pour les vendre aux bouchers. Quant aux veaux on les vend dans la quinzaine aux bouchers et ceux qui en peuvent nourir les vendent aux Mauriennais qui en acheptent des troupeaux pour conduire en Piémont et il en sort chaque année l'environ d'une dizaine. Anciennement on en nourissait une plus grande quantité, mais la rivière d'Arly nous ayant causée des grands dégats et emporté une partie des vernays et communaux, qui en ayant diminué le pâturage en ont diminué la nourriture d'une plus grande quantité, outre que dans certaines années, soit par les chaleurs ou maladies contagieuses, il en meurt beaucoup.

Dans cette parroisse il n'y a aucun bois de haute futaye, sauf des arbres à fruit et des peupliers.

La rivière d'Arly qui prend son embouchure dans l'Izère nous a emporté plus de 200 journaux de terrain de beaux fonds cultivés appartenant aux particuliers, y compris plusieurs illes, vernays et autres communaux servans à l'usage journallier et notamment pour le paquéage des bestiaux dont nous payons la taille depuis 1740, ce qui joint à deux incendies générales qu'ils ont essuyées, réduit cette parroisse dans un triste état.

Les digues contre l'Arly que l'on a fait pour la manutention des salines et flottement des bois nous sont tellement offensives qu'elles rejettent la rivière contre nos terres.

Il n'y a que le Révérend-Curé de Conflans qui se soit déchargé de la taille des fonds emportés, dont il s'est rechargé.

Le restant des fonds à édifier (remettre en culture) ne sont que des pierres et grosses glières et par conséquent dispendieux à édifier. Mais ayant commencé moi-même à en édifier et encourager les autres dans la vüe de la garantie de leurs fonds par les digues qu'on nous a commencé de faire...

Il nous faudrait encore 24 à 25 trabucs de prolongation, outre les vuides qu'on a laissé dans l'entre deux de ces trois digues pour jetter une opposition à la rivière dans les endroits où elle nous menassait le plus... tellement que nous avons déjà plus de 60 journaux qu'on a commencé à édifier depuis quatre ou cinq ans et qui commencent à produire quelque chose...

25 avril 1773. Hyacinthe Levret.

Conflans : L'église en très bon état, cœur et couvert, sauf le clocher dont les grandes réparations sont retardées par l'imposition de 800 livres pour la digue de Tours.

Cadastre, livre journallier et transport en bon état, la mappe toute usée, rompue et déchirée (contient 5.022 numéros contre 859 à L'Hôpital).

Les mêmes que ci-dessus : le pont des Chèvres par où les habitants de la ville vont faire leur bois à bruler à la montagne de Ronne, et sur lequel on passe pour aller aux Millières et de là à Ayguebelle et lesquels ponts appartiennent au Roy qui en tire ferme et le fermier en tire les droits portés par *le Tarif*. (Voir A. D., C. 82.)

Il y a deux fours bannaux dans la ville, l'un appartenant à M. Rosset, baron de Tours, et l'autre qui appartient à la Ville et qu'elle a vendu au sieur Michel Jaquemod l'aîné, outre quelques petits fours que les boulangers ont chez eux pour la cuitte particulière de leurs pains, et les particuliers qui cuisent aux dits fours bannaux, payent jusqu'à 3 sols par carte à cause de la cherté des bois. Il y a aussi un moulin appartenant au sieur Claude Manuel.

Il y a aussi dans la ville deux bouchers et plusieurs boulangers qui vendent au poids de Conflans, mais les officiers locaux n'ont pas le soin d'en régler le prix, non plus que d'empêcher que les jours de marché les étrangers ne s'assortissent de beurre, fromage et autres choses avant ceux de l'endroit.

La ville de Conflans entretient très peu de bestiaux, mais le mandement (campagne) en a beaucoup, et entre les deux ils nourissent 861 vaches, 97 bœufs, veaux ou génisses, engraissent des vieux bestiaux pour les vendre aux bouchers, de même que les veaux qui à peine ont 15 jours, et les génisses qu'ils nourissent pour se maintenir en jeunes bestiaux, ou pour les vendre suivant leur nécessité, aux foires ou aux Mauriennais qui en viennent faire de grosses emplettes pour conduire en Piémont. Et le nombre des bestiaux augmente ou diminue proportionnément à l'abondance ou disette des fourages.

La ville de Conflans n'a pour tout bois de haute futaye que la montagne de Ronne qui a été dépeuplée pour la construction des salines de Conflans et pour la nécessité des particuliers de la ville, et une autre petite forêt sur le mandement indivise avec celle de Venthon, et mal à propos y laisse-t-on paître des bestiaux, surtout les chèvres, avant que ce bois soit d'une certaine hauteur.

La rivière d'Isère qui grossit considérablement dans le mois de may a emporté plusieurs fonds aux particuliers et a sablé une bonne partie du reste de la plaine malgré les digues que l'on a fait tant sur Tours que sur Conflans pour garantir le canal de l'eau douce et en partie la plaine.

Je ne connois point d'autres particuliers qui se soient déchargés de la taille de leurs fonds inondés, sauf le sieur Claude Manuel qui ne s'est pas encore rechargé de ceux qu'il a fait édifier ny de ceux qui lui restent encore à faire édifier. Tous les autres en payent encor la taille. Mais il y a des petits bras de rivière qui surviennent contre les terres édifiées et qui empêchent même l'édification de plusieurs pièces qui sont encor en glières.

Fait à L'Hôpital, ce 24 avril 1773. Hyacinthe Levret, secrétaire.

La grande peur à L'Hôpital. — Dans la banlieue à Sainte-Hélène-des-Millières, une révolte des gens contre le châtelain Pillet qui dut se barricader dans sa maison, à propos d'une réglementation du paquéage des îles, est fomentée par J. Blanc-Pattin « qui a été à Paris où il s'était trouvé lors de la prise de la Bastille et qu'on y avait coupé la tête au Gouverneur et à l'Intendant ». Le même qui propage la grande peur, de ce fait que « la misère est si grande que l'on entend parler que de vols; l'on prend la farine aux molins et le bled dans les greniers, le foin dans les granges et autres choses... ». 10 juin 1790. C. 699.

A L'Hôpital, le 23 mai 1790, une supplique d'une inspiration manifestement révolutionnaire était adressée au roi par « le peuple de L'Hôpital-s/-Conflans, se plaignant que divers particuliers, associés même avec des personnes *en place, accaparaient* les blés dans la province, les achetaient sur les marchés à quels prix qu'ils fussent et les faisaient conduire tant à Genève qu'en Suisse, au moyen de passeports qu'on remettait aux conducteurs ». C. 610. — Voir le « Club des Allobroges » de Paris (Ch. Dufayard) sur le rôle de ces fourriers de la Révolution en Savoie, dénoncés dans les protestations du roi de Sardaigne à la Constituante et à la Législative sous l'espèce « d'innombrables autant qu'insaisissables sujets *français !* ».

L'Hôpital-Conflans en l'an XIII (1805). — Au bout de cette vallée (la Combe de Savoie), presque sous les murs de la ville de Conflans (dont il n'est séparé que par un pont sur la rivière d'Arly), se déploie dans la plaine, et sous un aspect heureux, le bourg de *L'Hôpital*, qui naguères n'était qu'un simple village, et qui aujourd'hui est un lieu considérable, et tend à le devenir de plus en plus, par son heureuse situation au centre de plusieurs vallées, par son commerce et l'active industrie de ses habitants. Il est devenu depuis quelques années, le siège de foires et marchés, aussi bien que la ville de *Conflans* avec laquelle *il est appellé, ce semble, à ne faire un jour qu'une seule et même cité.* Ces deux endroits, également situés au confluent de l'Isère avec l'Arly, et à l'embouchure des vallées de Tarentaise, de Beaufort, du Haut-Faucigny et du Genevois, sont appelés au même genre de prospérité. Chacun d'eux a ses foires particulières; mais leurs marchés respectifs (qui se tenaient autrefois à des jours différens), ayant été fixés au même jour, par un acte de l'ancienne administration, il en était résulté pour la ville de Conflans, un dommage réel, toujours croissant, et devenu un germe de discorde entre ces deux communes, qu'un même esprit et un même intérêt devaient cependant animer. Pour faire cesser cet état de choses, il a été pris le 6 frimaire an XII, un arrêté approuvé par le Ministre de l'Intérieur, qui a établi l'alternat entre ces deux communes, d'un seul marché par semaine, en conservant néanmoins à chacune ses foires particulières. L'infériorité de Conflans, dans cette première concurrence, tenait principalement à la situation de cette ville, sur le penchant d'une colline escarpée et d'un difficile abord. Il est à désirer sous ce rapport, et il faut espérer que les gens de Conflans, connaissant mieux leurs vrais intérêts, finiront par bâtir peu à peu, au bas de cette colline, le long de la route actuelle de Tarentaise, afin d'offrir au public plus de commodité et d'agrément pour fréquenter leurs foires et marchés.

Palluel, *Annuaire statistique du département du Mont-Blanc*, an XIII, p. 87.

La ville moderne, née de l'incendie du 28 juin 1815. (Délibération du Conseil de ville, 14 juillet 1815. F. S. Albertville.) — Un membre a observé que ledit incendie qui a consumé 14 bâtiments n'aurait probablement pas eu lieu si les toits... n'avaient pas été en partie couverts en chaume, que ceux qui sont encore parsemés dans la ville, ont mis en danger toute la commune d'être la proye des flammes, que sous une cause violente un incendie peut se renouveller et exposer ainsi tout l'endroit; qu'en conséquence, ce conseil doit s'occuper incessamment de faire mettre à exécution la délibération approuvée du 11 août 1811 qui les abolit... prescrivant de faire de nouvelles notifications à chaque propriétaire d'avoir enlevé les chaumes dans le terme d'un mois. Le syndic observe que l'enlèvement des chaumes nécessitera sans doute des reconstructions de murs et qu'il serait le cas d'obtenir des alignements, des rectifications; mais que l'on n'a aucune base ny plan, que cette commune ne peut se dispenser d'en faire dresser un, non seulement pour les maisons caduques à reconstruire, mais encore pour les rües et places nouvelles qui pourraient se créer, tant dans les circonstances actuelles que dans d'autres plus favorables...

Ensuite de quoi, à l'unanimité, l'Intendant général sera supplié : 1° d'autoriser la commune aux frais dudit plan; 2° de commettre M. l'Ingénieur du duché à ces fins ou le sieur Victor Doix, géomètre, sous sa direction; 3° de vouloir bien permettre qu'on lie audit plan les hameaux de L'Hôpital et de l'église de la commune de Saint-Sigismond.

Albertville. La vie municipale de 1843 à 1850. F. S. — En 1843, la disparition des toits de chaume n'a pas supprimé les dangers d'incendie. La ville se munit d'une batterie de pompes et s'occupe de leur logement. C'est peut-être à cet effet et dans le but de recouvrer ses bâtiments municipaux qu'elle résilie le bail à 900 francs d'une caserne du détachement militaire qui est « transféré rière la section de Conflans, dans une caserne appartenant au gouvernement ». (F. S. Aff. com. Albertville, 1 et 2.)

L'année suivante, on lui surprend des préoccupations de capitale régionale : elle entreprend la construction d'un local pour la création d'un collège moyennant un emprunt de 12.000 francs.

Elle porte à 800 francs la taxe de l'éclairage de ses rues. Antérieurement à 1820, il était assuré par l'obligation imposée aux « aubergistes » d'avoir à tenir pendant la nuit une lanterne devant leur établissement. Cette institution très curieuse fut supprimée par délibération du Conseil de la ville le 25 décembre 1820 et municipalisée dès 1823 avec mention au budget en 1826, sous l'espèce d'un « abonnement volontaire consenti verbalement par tous les aubergistes et cabaretiers ». La taxe produisit un revenu de 800 livres qui fut affecté à « l'éclairage des reverbères ». En 1847, les aubergistes peu satisfaits de payer seuls la taxe d'un éclairage qui servait à tout le monde, la refusèrent. Une taxe, dite de conciliation, réduite à 400 francs, fut rejetée par l'Intendant de la Haute-Savoie. On alla en appel à Chambéry. Quoi qu'il soit advenu, dès 1850, la taxe et les aubergistes étaient impuissants à assurer « un éclairage suffisant » ; il fallut acheter de « nouveaux reverbères pour l'éclairage de certaines rues et quartiers » ; et, en 1851, on proposa l'essai du « gaze ».

En 1844, les indemnités prévues dans le budget du personnel administratif, projettent quelques lueurs sur la vie municipale et par contre-coup, économique de la Ville. On y relève : le syndic à 100 livres; le secrétaire, 700; un garde-bois, un garde forestier-champêtre, un valet de ville à 340; un fontainier à 130; le monteur de l'horloge, 54; le vicaire, 900; un prêtre en charge de la messe de 11 h., 150; le maître d'école qui passe de 200 livres en 1836 à 800 en 1844; les Frères de la Croix et le régent de Conflans, 639 livres, 5 sols; les professeurs du Collège, 2.100; les prix au Collège, 120; une accoucheuse, 200; diverses réparations aux chemins communaux, 100; aux ponts, 50; aux fontaines et aqueducs, 100; couvertes par les revenus des communaux, 300; l'éclairage des réverbères, 800, et leur entretien, 100; le hangard des pompes, 100; leur entretien et celui des paniers, 145; un agent de police, 300; le loyer du corps de garde, 200; les ordonnances des officiers, 65; un vétérinaire, 180; la poudre à canon pour les fêtes, 40; un maître de musique qui passe de 150 à 500.

C'est déjà une belle équipe pour assurer le fonctionnement d'un organisme compliqué et bien ordonné.

L'année 1845 voit se poursuivre et mener à bien les derniers travaux du diguement de l'Arly, moyennant un nouvel emprunt de 7.500 livres pour recharger et exhausser l'enrochement des digues. Elle préside à l'installation d'un tribunal; au remplacement du poids public faussé et irréparable; à la création, au collège, d'une chaire de philosophie à 1.150 livres, moyennant la suppression des classes de 7ᵉ et 8ᵉ à 650.

Mais l'accroissement prodigieux de la ville a fait de son alimentation en eau potable un problème inquiétant. Les schistes liasiques de ses versants, au pendage très-tourmenté et peu conforme, ne lui assurent que des suintements insuffisants, tout au plus des sources peu captables et fort précaires. Il semble que, pendant longtemps, on ait eu recours aux eaux plus que suspectes de l'Arly; car, il est un préjugé bien vivace dans toute la Savoie alpestre qui veut que l'eau de rivière est si bien brassée et aérée que, même trouble, elle ne fait jamais de mal à ceux qui en usent. « Mais, alors, la ville étant fort augmentée, beaucoup de gens en sont trop éloignés. » Reste la ressource des puits, citernes, le « ruisseau au sommet d'icelui » (le bourg), puis la source près du cimetière, sous Pallud, captée à 12 mètres et donnant 20.000 litres en 24 heures, découverte par G. Mortillet, ingénieur hydroscope [1].

En 1846, les arbres plantés tout au long du quai de l'Arly en ont fait une plaisante esplanade, une promenade fraîche et ombragée qu'il faut entretenir par la taille annuelle des arbres, soumissionnée par bail de 9 ans à 65 francs par an.

Le 8 août 1846, pour 5.380 livres dont 1.660 à supporter par la province, à titre de concours, la ville est autorisée à procéder à la « réfection du pavage dans la traversée de la ville qui sert de route provinciale d'Annecy et Moûtiers ». C'est une entreprise urgente, car « elle est demandée par toute la population et par les étrangers qui la traversent, et il y a même je vous dirai du danger tant pour les piétons que pour les voitures de les voir à chaque instant renverser ».

Survient l'année 1847, en plein cycle d'intempéries et de marasme né de récoltes franchement déficitaires. La crise de l'alimentation provoquée par la maladie de la pomme de terre, cette « grève des parmentières », disait-on, fut particulièrement sensible. Elle sévit durement dans la banlieue d'Albertville, de 1845 à 1849, comme dans la Combe, dans toute la Savoie, en Flandre, en Irlande surtout, partout. Pour y parer, la Ville emploie 2.000 francs à l'achat

[1] Une prise d'eau à l'Arly, en amont de la ville, continue à être utilisée pour les besoins de la voirie. Elle coule en deux rigoles latérales aux principales artères et contribue à leur donner un air très-agréable de vie, de fraîcheur et de propreté.

de légumes à l'usage « de la classe indigente pour la secourir dans la détresse qui va l'accabler selon toute apparence ». La même année 1847 : construction d'un barrage sur l'Arly pour alimenter le « Canal de la Fonderie qui doit actionner les divers artifices de la Fonderie Royale ».

Toutefois, si en 1848, la crise dure toujours, elle semble à peu près conjurée. Elle suffit à motiver le refus d'autorisation opposé à une demande d'achat d'instruments de musique (900 fr.) sous le légitime prétexte « qu'il est des besoins plus impérieux ». Les fourmis n'ont jamais été tendres pour les cigales. La demande partait de l'initiative de « 10 individus » et du chef de musique (à 500 fr.) Savay, en vue d'organiser « un corps de musique annexé au corps des pompiers en armes, avec, comme eux, le droit au port de l'uniforme et de l'épée, pour contribuer à son lustre, entretenir cet esprit de corps qui donne de l'élan, favorise l'union et l'accroissement de ses membres, la ponctualité dans le service... et, le costume aidant (avec la rapière), sert à faire surgir l'attrait des jeunes gens du pays à s'instruire dans cet art et, par suite, l'éloignement de l'oisiveté » et l'attachement au pays. En dernière analyse, c'était la douche sur l'enthousiasme général provoqué par la fête publique du 6 janvier 1848 à l'*occasion de laquelle les « musiciens » avaient obtenu une gratification* de 300 francs.

En 1849, aux préoccupations artistiques se substitue une reprise du souci des agrandissements et de l'installation de rues nouvelles. On procède à la démolition du pavillon du sieur Déglise au-devant des Prisons centrales en cours d'exécution depuis 1846.

L'usine Paul Girod à Ugine. (Communication de M. le capitaine Mugnier, directeur du personnel.) — A la suite d'essais commencés en 1898, M. Paul Girod mettait au point, à Venthon, la fabrication électrique des alliages rares utilisés dans la fabrication des aciers spéciaux.

Dès 1903, il constitua la Société anonyme électro-métallurgique d'après les procédés P. Girod et entreprit, à la faveur de la création de la ligne d'Albertville-Annecy, en 1901, la construction d'une usine à Ugine.

Ayant adapté son four électrique à la fabrication de l'acier, M. Girod fonda en 1909 une nouvelle société, la Compagnie des Forges et Aciéries électriques P. Girod qui construisit et exploite l'aciérie électrique d'Ugine.

Cette usine comprend : une aciérie proprement dite avec fours électriques P. Girod, un atelier de moulage, des ateliers de transformation mécanique, forges, laminoirs, ateliers de traitement thermique et de recuit, un laboratoire, des magasins de produits finis, de contrôle et d'expédition. L'usine est raccordée au chemin de fer avec agents spéciaux dépendant de l'usine.

Elle fabrique des aciers spéciaux et ordinaires : des pièces moulées, vilebrequins, corps d'essieux, couronnes, engrenages, bielles, arbres volants, soupapes, roues, acier en barres et en lingots, aciers à outils et à limes, matériel de guerre.

Pendant la guerre, elle a fabriqué des vilebrequins pour aviation, des tubes de canons de 75, des tourelles de tanks, des obus divers, des boucliers de tranchées, etc.

Le nombre d'ouvriers s'est élevé à 3.500, 3.600 environ, dont 300 femmes seulement, plus de 1.500 mobilisés et toute une armée cosmopolite : des Kabyles, Grecs, Arméniens, Espagnols, des Polonais, des Chinois peu appréciés, des Annamites, etc... : une vraie tour de Babel. 1.500 environ logeaient à Albertville.

Le chiffre, réduit par la démobilisation, le débauchage partiel et l'exode presque total de l'élément étranger, est actuellement, juin 1920, de 2.600 environ.

Il était, avant la guerre, de 700 approximativement.

La force motrice considérable atteindra bientôt 337 millions de kilowatts, y compris les réserves en cours d'aménagement. Elle était de 50 HP. en 1898.

Les ouvriers proviennent d'Ugine, Albertville, Saint-Sigismond, Thénesol, Marthod et, en amont, de Marlens, Faverges, Saint-Ferréol et autres localités environnantes.

On peut évaluer à 800 environ le nombre des ouvriers d'Albertville et de sa banlieue, à 180 ceux de Faverges et de ses environs, sans qu'il soit possible de démêler, étant donné le grand nombre de ceux qui sont venus de l'étranger ou d'autres parties de la France, combien sont originaires du pays même.

Nous remercions bien vivement les souscripteurs dont les noms suivent. Leur générosité nous a valu d'adjoindre à ce travail la partie documentaire qui en assure la justification et tout l'intérêt historique. Nous devons un hommage spécial et bien empressé à M. Paul Brachet, avocat à Albertville, dont l'actif et bienveillant patronage nous a été, comme ses conseils, d'un secours infiniment précieux :

MM.

1. Armand Aubry, ancien industriel, rentier ;
2. Chavand (Mme), rentière ;
3. Philippe Million, négociant ;
4. Ambroise Million, hôtelier ;
5. Paul Brachet, avocat ;
6. Louis Milliand, conseiller général ;
7. Camille Martin, avoué ;
8. Amédée Reguerraz, négociant ;
9. Jean Sibuet, député ;
10. Charles Fontaine, avocat ;
11. Jules Mathias, banquier ;
12. Louis Fontanet, banquier ;
13. Camille Ract, président du Tribunal ;
14. Jean Fayard, pharmacien ;
15. Dr René Armand ;
16. Dr Félix Merlot ;
17. Dr Ludovic Basso ;
18. Ernest Fontanet, industriel ;
19. Joseph Fontanet, industriel.

A tous ces généreux bienfaiteurs et collaborateurs, comme au Conseil municipal et au Syndicat d'initiative d'Albertville, nous dédions ce petit livre **qui est le leur.**

F. GEX.

TABLE DES MATIÈRES

Pages

Les facteurs géographiques 5
Conflans 34
L'Hôpital 51
Albertville 86
Albertville de 1835 à nos jours 88
Albertville aujourd'hui. Les dernières transformations 103

PRINCIPAUX DOCUMENTS

1° *Conflans* :

Les Royales Salines de Conflans 135
Fête laïque, sécularisations, etc 138
Les volontaires à Conflans 140
Dévastations des volontaires 143
L'affaire du bureau de poste à transférer de Conflans à L'Hôpital... 149
Situation de Conflans en l'an X 151
Animosité. Provocation de L'Hôpital. Bagarre 152
La Saint-Napoléon à Conflans 154
L'enseignement sous l'Empire à Conflans 155
Calendrier climatique et agricole 157
Le vignoble albertvillois en l'an XII 160
Les événements militaires en 1536, 1600, 1792 et 1815 160
Historique du duel économique 166
Les logements disponibles pour le Sénat et l'Administration en 1814. 168

2° **L'Hôpital** :

Tarif des péages aux ponts de l'Arly et des Chèvres 170
L'Hôpital en 1728, la voirie en 1760, l'Arly en 1762 171
La Grande-Rue en 1763 172
L'Hôpital, bourg du pont en 1772 173
Parallèle sur l'état économique de L'Hôpital et Conflans en 1773.... 174
L'Hôpital en 1805 et 1815, après l'incendie 177
La vie municipale à Albertville de 1843 à 1850 178
L'usine Paul Girod, de 1898 à 1920 179

TABLE DES ILLUSTRATIONS

8 photos, clichés Raoul Blanchard, hors texte, entre pages 30-31
L'Hôpital et Conflans en 1763 et 1772, fig. 1 et 2 64
Plan-carte d'Albertville (Meffret, 1911) 102

www.ingramcontent.com/pod-product-compliance
Ingram Content Group UK Ltd.
Pitfield, Milton Keynes, MK11 3LW, UK
UKHW022102260726
13993UKWH00001B/282